新渡戸稲造に学ぶ近代史の教訓

草原克豪　著

芙蓉書房出版

まえがき

以前、藤原書店から『新渡戸稲造1862-1933　我、太平洋の橋とならん』と題する評伝を上梓した。これによりそれまで知られていなかった新渡戸稲造の全体像をほぼ明らかにすることができたと思う。読者からは「歴史の勉強になりました」との感想も頂いた。思いがけないことだったが、考えてみると、なるほどと納得できる。なぜなら、全体像から見えてくる新渡戸の人生は日本の近代史そのものだからである。新渡戸の生涯から日本の近代史を垣間見ることができるのだ。

日本人は自国の歴史を知らなさすぎる。特に近代史についてはほとんど無知と言っていい。いや無知どころか、戦前の日本は悪いことばかりしてきたと思い込んでいる人が多いのだ。学校でもきちんと教わらなかったからだろうが、自国の歴史をそのように否定的にしか見られないとすれば、これほど不幸なことはない。歴史を知らないということは、根無し草のようなもので、それでは自分の立ち位置が定まらない。立ち位置が定まらないと、グローバル化した世界で他国の人たちと対等に付き合うこともできないだろう。

だがそうは言っても、今さら近代史を勉強するのも容易なことではない。早い話が、どんな本から読んだら良いのか、その選択すら難しい。それならば、新渡戸の生涯を辿りながら、日本の近代史の一部を振り返るような本があってもよいのではないか。

新渡戸といえば何よりも名著『武士道』の著者として有名だが、それ以外にも教育分野や国際理解など多岐にわたる分野で活躍した。中でも第一高等学校の校長や国際連盟の事務次長として活躍したことはよく知られている。しかしそれだけでなく、彼は植民学の専門家として台湾総督府で製糖業の近代化を図り、東京帝国大学の植民政策講座担当教授を務め、拓殖大学の学監を務め、満洲問題への対応などでも重要な役割を果たしていた。悪化する日米関係の改善に向けても献身的な努力をした。だがこうした事実はあまり知られていない。新渡戸に関心を持つ人たちの間でも関心を示す人は少ないのだ。しかし、これらはいずれも日本の近代史と深く関わる重要なテーマである。

それならば、こうした植民政策との関わりや、日米関係の問題を取り上げて、その中で新渡戸が何を考え、どう行動してきたのかを明らかにできれば、それが日本の近代史を理解することにもつながるのではないか。それも五〇〇頁を超えるような分厚い本ではなく、もっと手軽なものがいい。そう考えて取り組んでみたのが本書である。

植民政策などの問題は、戦前の日本の軍国主義とも関わるだけに扱いにくい。戦後の日本では、戦前の日本がしたことは全て間違いであったとする歪んだ歴史観が広まったこともあって、なおさら難しいのだ。しかし過去から目を背けたり、過去の日本を批判したりするだけでは、何も問題は解決しない。戦前の日本は実際に何をしたのか、あるいはしなかったのか。そうした歴史の流れを、特定のイデオロギーや先入観にとらわれず、事実を事実として客観的に捉えることが何よりも大切なことだ。過去の歴史を振り返りながら、そこから教訓を学びとり、品格ある道義国家としての役割を果たしていかなければならないのだ。

新渡戸の生涯を知ることは、近代日本の歴史を理解することにつながるだけでなく、そこからさらに未来を考えるための貴重な教訓を得ることにもなる。新渡戸の生き方から、日本の将来を考えるヒントも得られるはずだ。そのために本書が少しでもお役に立てるなら、筆者としてそれに勝る喜びはない。

最後になったが、本書の原稿に目を通し、快く出版に応じて下さった芙蓉書房出版の平澤公裕氏に深く感謝する。

二〇二二年四月

草原　克豪

新渡戸稲造に学ぶ近代史の教訓　目次

第2章　新渡戸稲造と植民政策 …… 39

第6章　日本の「自立」に向けて

写真出典／『新渡戸稲造全集』、盛岡市先人記念館、国立国会図書館「近代日本人の肖像」

第1章

新渡戸稲造の知られざる顔

私が新渡戸稲造という人物に強い関心を持つようになったのは四半世紀ほど前、文部省を辞めて拓殖大学に勤務したときだった。そのとき初めて、新渡戸がかつて拓大の第二代学監を務めていたことを知ったのである。驚きだった。

それまで私の中の新渡戸のイメージといえば、一言でいうと「クリスチャン、教育者、国際人」といったものだった。それと拓大のイメージはあまりにも違いすぎるのである。拓殖大学はその名の通り、もともと台湾や朝鮮あるいは中国大陸など、いわゆる外地で活躍する人材を育てる植民大学であった。どちらかというと右翼的なイメージの強い学校と思われていた。その拓殖大学と新渡戸がどう結びつくのか？　この疑問が、私と新渡戸との付き合いの始まりとなったのである。

そこで自分なりに調べていくうちに、以下に述べるようないくつかの興味深い事実が浮かび上がってきた。

1 「クリスチャン、教育者、国際人」は新渡戸の一面に過ぎない

第一にわかったことは、彼の活躍分野が極めて多岐にわたっているということである。それまで新渡戸について抱いていた「クリスチャン、教育者、国際人」というイメージは、彼の一面でしかないのだ。

新渡戸の専門分野は？

新渡戸稲造がどういう分野で活躍したのか。あえて一つだけ挙げるとすれば、それは教育である。彼は何よりもまず優れた教育者だった。彼の教育者としての業績を簡単にまとめると、母校札幌農学校の花形教授として活躍したのを皮切りに、京都帝国大学教授、第一高等学校校長、東京帝国大学教授を歴任した。拓殖大学の学監も務めた。女子教育の振興にも力を注ぎ、東京女子大学の初代学長も務めた。それだけでなく、勤労青少年など就学機会に恵まれない人々のために社会教育の推進にも熱心に取り組んだ。

これらの中でも、特に日露戦争後に旧制第一高等学校の校長として人格教育に基づいて日本の将来を担う多くのエリート学生を育てたことは、彼の薫陶を受けた弟子たちがさまざまな形で紹介しており、広く世に知られている。したがってここではこれ以上踏み込むことはしない。重要なことは、彼は教育以外の分野でも多岐にわたって活躍し、しかもどの仕事においても第一級の業績を上げていることである。

例えば、国際理解・平和の分野においては、英文『武士道』を著したほか、特に日米間の交

新渡戸稲造
第一高等学校校長時代　ジョンズ・ホプキンス大学留学時代

流と相互理解に貢献した。第一次大戦後ジュネーブに国際連盟が創設されるとその初代事務次長に就任し、ベルクソンやアインシュタインやキュリー夫人らを委員とする知的協力委員会を創設して、その幹事役を務めたことも知られている。その仕事は第二次大戦後パリに創設されたユネスコ（国際連合教育科学文化機関）に受け継がれていった。また帰国後は、ジャーナリストとして、あるいは太平洋問題調査会理事長として、満洲事変前後の暗雲が垂れこめる中で世界平和の実現のために心血を注いだ。

他方、これらの活動に比べてほとんどと言っていいほど知られていないのが、例えば植民政策に関わる活動である。もともと新渡戸の専門は農政学と植民政策であった。日本で最初の農学博士の一人でもある。それにも関わらず、その方面での活躍についてはこれまであまり紹介されてこなかった。そのこと自体が大きな問題である。そこで本書ではあえてこの問題を取り上げてみたいと思う。

植民政策研究の第一人者

新渡戸はその専門知識を買われて台湾総督府に招かれ、台湾の製糖業の近代化に貴重な貢献をした。そしてそれをきっかけに、後に東京帝国大学にできた植民政策講座の初代教授に就任して、植民政策研究の第一人者として活躍した。それが拓殖大学ともつながってくるのだが、さらにその後も満洲問題への対応や日米関係の改善に向けて重要な役割を果たした。そしてその過程においては左からも右からも非難されるという辛い経験を味わうことにもなった。

ところがこうした事実は、世の中にはほとんど知られていない。知られていないどころか、戦前の日本は植民地において現地人を搾取し、弾圧するなど、悪いことばかりしてきたと勝手に思い込んでいる人も少なくないのである。

それでも二一世紀に入ってからは、台湾統治については李登輝元総統らが日本の統治を正当に評価してくれたおかげもあって、少しずつ関心が高まってきた。

朝鮮統治については、専門家の間では研究が進んではきたが、それはまだ世論を動かすほどの力にはなっていない。政治外交レベルでは関係改善の兆しすら見られない。少し前までは、日本の朝鮮統治について肯定的な発言でもしようものなら直ちに内外から批判を浴びることも珍しくなく、そのため大臣を辞めざるを得なくなった政治家も一人や二人ではなかった。そうした事情があるだけに、なおさら戦前の植民地統治について語ったり、知ろうとしたりする人が出てこなかったのだろう。

占領政策に洗脳された日本人

それにしても驚いたのは、新渡戸に関心を持つ人たちの間ですら、こうした植民政策や対外関係との関わりに関心を示す人が極めて少ないということである。なぜそうなったのか。たしかに植民政策などは、日本の近代史と深く関わるだけに、歴史に関心のない人には扱いにくい問題ではある。しかしどうもそれだけではなさそうなのだ。彼ら自身の間に、できればこの問題には触れたくないという気持ちが強く働いていたとしか思えないのである。

その背後に見え隠れするのは、戦後の日本を支配してきた歴史観の影響である。そのため、新渡戸を慕ってその教えを受け継ぐ人たちも、植民政策との関わりを持ち出したりすると新渡戸の名声を汚すことになると考えたに違いないのだ。中にはまた、植民政策との関わりは彼の輝かしい人生における「負の部分」あるいは「恥部」であり、あまり知られたくないことと見る人も少なくなかったと思われる。

しかし、だからといって、その部分から目を背けてしまっては、新渡戸という人物を正しく理解することはできない。大事なことは、過去の歴史を曇りのない客観的な目で眺めて、事実はどうであったかを知ることである。

２　新渡戸に関する誤解

第二に浮かび上がった事実は、「クリスチャン、教育者、国際人」という言葉は、誰の耳にも心地よく響くもので、戦後の日本で忘れられかけた新渡戸を復活させるためには都合の良い言葉だったということだ。その一方で、この言葉は時には誤解もされ、誤ったイメージを広めることにもなった。

新渡戸の愛国心

例えば「国際人」という言葉である。新渡戸はアメリカとドイツに留学した経験があり、ジュネーブに国際連盟が発足するとその事務次長として活躍した人物である。彼ほど国際人という言葉が相応しい日本人はいないだろう。

ところが、新渡戸について調べていくうちに、これまであまり語られることのなかったある一面が強く浮かび上がって来るのだ。それは彼の愛国心である。新渡戸の生涯にわたる発信力を支えたのは、日本文化への造詣の深さと祖国に対する限りない愛情であった。彼は常に祖国の繁栄を願い、天皇を敬愛する、熱い愛国心の持ち主だった。

新渡戸のことを愛国者などというと、これまでの一般的な新渡戸像からは想像しにくく、意外に思われるかもしれない。たしかに、新渡戸は英語に堪能で、アメリカ人女性と結婚し、国際舞台で活躍したことから、一部の人たちからは西洋崇拝者あるいは日本人離れした国際人とみられ、軍部などからは愛国心が足りないとさえみられていた。しかし、それは新渡戸の心情を深く理解しない人たちの偏見であった。

ジュネーブ時代に新渡戸がポーランドの政治家に出会ったときのことである。その人も含めポーランド人がいくつもの外国語を自由に操るので、その理由を尋ねたところ、「それは愛国心からだ」との答えが返ってきた。ポーランドは四方を強国に取り巻かれているので、その中で国の独立を守るためには、他国の言語を借りて自分たちの国情を訴える必要があるというのである。それを聞いた新渡戸は、「外国語を使う者は愛国心がないかのように見られるような国とは大違いだ」とうらやましく思ったという。

もちろん愛国者といっても、英語で言えばpatriotであって、狂信的愛国主義者を意味するchauvinistとはまったく別物である。新渡戸は世界的視野をもった愛国者として、常に日本の繁栄を考え、日米の友好親善、世界平和の実現を目指して発信し続けた。その人生は、義務と名誉と祖国を大事にする武士道的な生き方そのものであったと言っていいのだ。

新渡戸が燃えるような愛国心の持ち主であったことは、当時の親しかった人たちの間ではよく知られていたことだった。そのことはジュネーブ時代に新渡戸と付き合いのあった人たちの多くが証言している。

ある時はジュネーブに彼を訪ねてきた若い日本人学生に対して、「狭い日本村で有名になろうとするな。世界に飛び出せ。そのためにも英語を勉強するように」と助言したことがある。すると「英語がうまくなるにはどうしたらよいか」と問われて、「とにかく日本のために弁じることだ。その志さえあれば英語は必ずついてくる」と答えているのだ。

札幌農学校の同期生宮部金吾は新渡戸の告別式において、「新渡戸君は偉大な国際人でありました。しかし新渡戸君は、それ以上に偉大なる日本人でありました。新渡戸君の真価は燃えるような愛国者であったことにあります」と述べた。

このように新渡戸は燃えるような愛国者であった。だからこそ彼は、真の国際人となり得たのである。このことを理解しない限り、新渡戸を本当に理解したことにはならないのだ。

ところが、なぜか戦後の新渡戸信奉者たちはそういうことを言わなくなったのである。なぜなのか。その理由は、おそらく愛国心という言葉が軍国主義と結びつけられ、悪者扱いされたからであろう。今日の日本においても、愛国心と聞いただけで、反射的にかつての軍国主義と結び付けて警戒する日本人は少なくないのだ。

愛国心という言葉がこれほど悪いイメージを持つ国は、世界広しといえども日本ぐらいしかない。これは異常なことである。自国をことさらに否定するのは、自分の親や先祖代々の努力を貶め、彼らを悪者扱いすることに他ならない。それは結局のところ、自分自身の存在や、アイデンティティを否定することになるのであり、日本人としての自信や誇りを持てなくなることにもつながっていくのだ。

新渡戸の著書
『武士道』

『武士道』は新渡戸の愛国心が書かせた

以上に述べたように、新渡戸は本当の意味での熱烈な愛国者であった。名著『武士道』もそうした視点から見ていく必要がある。

『武士道』は「義・勇・仁・礼・誠・名誉・忠義・克己」などの徳目を中心にして、武士階級における倫理道徳を体系的に説明したもので、今日でも優れた日本文化論として、広く国内外で読まれている。この本をあたかも武士道の解説書であるかのように思っている人も少なくない。しかしこの本はもともと「武士道」を説明する目的で書かれた解説書や研究論文ではない。著者のねらいは、「日本はキリスト教国ではないが、決してそれに劣らない立派な倫理道徳や伝統文化がある」ということを世界に知ってもらうことにあった。『武士道』はそのために書かれた日本の自己主張である。その意味では、新渡戸の愛国心が書かせた本であると言ってもいいのだ。

だからこそ英語で書かれたのだが、その際、西欧人には理解しにくいと思われるような日本人の倫理道徳や思想を、西洋の思想や文化とも比較しながら、普遍性を持たせて説明しているところに、著者の非凡な才能が発揮されている。

実際、この一冊の本がどれほど日本および日本人に対する評価を高める役割を果たしたか、その効果は計り知れないものがある。日露戦争中にアメリカのルーズベルト大統領もこれを愛読し、その影響もあって、ポーツマス講和会議の仲介の労をとってくれたことはよく知られている。その功績によりルーズベルト大統領はノーベル平和賞を授与されているのだ。

このようにして『武士道』は世界の各国語に翻訳されて多くの人に読まれた。おかげで日本人に対する評価も高まることになった。実際以上に買い被られることになったと言ってもいいだろう。

新渡戸は武士の家に生まれ育っただけに、その生き方そのものが武士道的だった。若い頃から一族の期待を背負って学問に取り組み、肉体的精神的な苦痛の中で煩悶を繰り返しながら、自分を鍛えて努力を重ねたのである。晩年には、アメリカの排日移民法に抗議して「二度とアメリカの土を踏まぬ」と決意し、しかしその後、その決意をあえて破ってまでも、世界平和のため、そして危機に瀕した祖国を救うために、アメリカ各地で講演を行うという勇気ある行動をとった。その「公に奉じる」精神は、まさに「ノブレス・オブリージュ」であり、『武士道』の著者に相応しい生き方でもあった。

新渡戸は「敬虔なクリスチャン」？

「敬虔なクリスチャン」という表現も誤解を招くことがある。たしかに新渡戸は敬虔なクリスチャンではあった。ただし、彼はクリスチャンといっても、我々が通常思い浮かべるような立派な教会を中心に様々な活動を行っている会派ではない。キリストの教えそのものを大切にする会派で、プロテスタントの中でも異色のクエーカーである。クエーカーは豪華な教会を持たず、質素な生活をし、集会所では静かに瞑想する中で自分の内なる神との霊的な交流を行うのである。クエーカーはまた、平等主義や平和主義の会派としても知られている。

新渡戸は札幌農学校時代にクリスチャンになり、アメリカに留学中にクエーカーに出会った。そこで信仰心を確立し、日本人クエーカーの第一号となった。このように彼は篤い信仰心の持ち主ではあったが、大事にしたのはキリストの教えそのものであって、教会という組織の活動ではなかった。

実際、彼はプロテスタント各会派の教会活動にはむしろ批判的でさえあった。特に一九二〇年代、中国に派遣されていた何百人ものアメリカ人宣教師が、当時の中国で育ちつつあった若いナショナリズムに共感し、本国に帰っては親中的かつ反日的な宣伝活動を行っていたことを厳しく批判しているのだ。

さらに言えば、彼は必ずしもキリスト教に絶対的な優越性を認めていたわけでもなかった。キリスト教と他の宗教との関係については、旧約聖書の神のもとに様々な民族宗教があり、そのひとつがキリスト教であるとの見方をしていた。仏教も、イスラム教も、神道も、すべてそうした民族宗教の一つであり、すべての土着宗教は旧約の神と直接につながっていると考える独特の宗教観である。これはクエーカーとしても極めて異端的な考え方といっていいだろう。彼はこうした考え方を次の句によって言い表している。

「分けのぼる　麓《ふもと》の道は多けれど　同じ高嶺の月を見るかな」

新渡戸の思想や行動の基となったのは、「三つ子の魂百まで」という言葉があるように、盛岡藩の伝統を受け継ぐ武士の子として育てられた幼少期における家庭環境であり、さらに上京後に世話になった叔父の教えであった。言い換えれば「武士道」である。新渡戸にとって、武士道の教えはキリストの教えと矛盾するものではなかったのだ。

『武士道』には聖書の言葉が随所に登場するが、冒頭に次の献辞が添えられているのは、キリストの教えと叔父の教えには相通ずるものがあったことを示している。

「過去を敬うことならびに武士の徳行を慕うことを私に教えたる叔父太田時敏にこの小著をささぐ」

新渡戸は「平和主義者」？

新渡戸はクエーカーだったこともあって、「平和主義者」と称されることがある。この「平和主義者」という言葉も時には誤解を招きかねない。たしかに新渡戸は軍国主義に反対し、平和のために尽力した。だから彼が平和主義者だと言われるのも無理もない。しかし彼は平和のために尽力はしたが、正義のために戦うことまで拒否する人ではなかった。そのことは日露戦争を積極的に支持したことからも明らかである。内村鑑三のような非戦論者ではなかったのだ。ましてや、自ら白旗を掲げて降伏するような「敗北主義者」ではなかった。

彼はこれ以上譲れないものは断固として守らなければならないと考える人間であった。彼の体には誇り高い日本の武士の血が流れていたのだ。満洲事変においても、当初の柳条湖事件は日本人居住民の安全を守るための自衛行動だったとして、彼はこれを支持している。ただし、その後の軍部による戦線の拡大、特に半年後の上海事変以降の軍の行動に対しては厳しく批判する立場をとった。そのために軍部から睨まれるのである。

その新渡戸が、晩年の一年間、日米関係が極度に悪化する中で老躯を鞭打つようにしてアメリカに渡り、日本の満洲政策への理解を得るため各地で講演して回るという、誰にも真似できない辛い役割を引き受けることになった。そのため軍部に妥協し満洲政策を支持したとみられることにもなったが、それでも彼はアメリカの世論の誤解を解き、日本と日本人についての正確な情報を伝えるために、公の場で事実に基づいて反論を展開したのである。

この時彼を支えていたのは、国のために尽くす、公に奉じるという精神であった。祖国日本が危機に瀕しているとき、これを救うために努力するのは日本国民として当然の義務だと考えていたのである。これも「ノブレス・オブリージュ」の精神にほかならない。

ある外国人研究者が、「新渡戸は平和主義で知られるクエーカーなのに、どうして日露戦争を支持したのか」と疑問を呈したことがあったが、新渡戸が日本人であることを忘れていたのであろうか。

3　新渡戸を通して日本の近代史が見えてくる

第三にわかったことは、新渡戸の人生を振り返ることは、日本の近代史を理解することでもあるということである。新渡戸を理解するためには、彼が生きた時代がどういう時代だったかを知る必要がある。だから逆に、新渡戸を知ることによって日本の近代史に対する理解も深まるのだ。

新渡戸は生涯を通じて日本の対外関係に深く関わった。その一つは台湾に始まる植民政策との関わりであり、もう一つはカリフォルニアの排日運動を中心とした日米関係の問題との関わりである。太平洋を挟んで生起したこれら二つの近代日本の外交課題について、新渡戸が何を考え、どう行動したのかを見ていくことは、日本の近代史をより身近に感じることにもつながっていくはずだ。

ここではまず、新渡戸がどのような経緯でこうした近代史の一面に深く関わることになったのかを見ておきたい。

植民政策との関わりについて

新渡戸が植民政策に深く関わるきっかけとなったのは、一九〇一（明治三四）年から三年間、台湾総督府に勤務したことだった。

それまでの新渡戸は、札幌農学校を卒業後、アメリカとドイツに留学して当時の最先端の学問知識と幅広い西洋的な教養を身につけ、クエーカー信仰で結ばれたアメリカ人女性メリー・

エルキントンと結婚して帰国したあと、母校札幌農学校の花形教授として活躍していた。だが、過労で神経症を患って農学校の仕事を続けることが出来なくなってしまい、メリー夫人の勧めもあってアメリカ西海岸カリフォルニアで静養することになった。人生半ばでの挫折であった。

ところがその間に、彼は『武士道』を書き上げたのである。そしてこの一冊の本によって新渡戸の名が一躍世界に知られることになった。世の中はいつ何が起こるかわからない。まさに「人間万事塞翁が馬」である。

カリフォルニアで療養するうちに病気のほうも快方に向かったことから、新渡戸はそろそろ札幌に戻る準備をしていた。農学校では校長はじめ全教職員が彼の帰国を心待ちにしていた。ところが、ここで思いがけない運命が彼を待ち受けていた。北の札幌に戻らずに、南の台湾へと向かうことになるのである。一体何が起きたのか。

それは一通の手紙を受け取ったことから始まった。農商務大臣の曾禰荒助からで、台湾総督府での勤務を要請してきたのだ。しかし、すでに札幌行きを決めていた新渡戸は、この要請を一旦は断った。すると折り返し、これは台湾総督府の児玉源太郎総督と後藤新平民政長官の切なる希望だからという手紙が来た。そこで今度は「生みの親同然の叔父太田時敏が大分年を取ってきたので、遠方での奉職は控えたい」と返事をしたところ、また手紙が来て、「太田君のことは東京で調べたが、すこぶる元気なので心配するに及ぶまい」と言ってくる。「毎日一時間の昼寝が必要だから」と伝えたところ、「それも認める」と言う。

こうして三回にもわたって農商務大臣からの要請を受け、後藤民政長官からも直接長文の電報で説得を受けるうちに、新渡戸の気持ちも少しずつ変化しはじめた。自分を三顧の礼をもって迎え入れようとしてくれる後藤の熱意に心を打たれ、それならひとつ台湾の農業発展のために力を尽くしてみようかという気持ちが湧いてきたのである。こうして新渡戸は台湾総督府への転身を決意した。一九〇〇（明治三三）年、新渡戸三八歳の時であった。結果的にはこれが彼のその後の人生を大きく変えることになった。

農学への志

もっとも、それまでの新渡戸が植民政策とは全く無縁の人生を歩んできたというわけではなかった。一八六二（文久二）年に盛岡藩の上級武士の子として誕生した彼は、九歳で英語を学ぶために上京した。当時の新渡戸は太田姓を名乗っていた。上京する際に在京の叔父太田時敏の養子となり、それ以後、長兄七郎の死去に伴って新渡戸家に復籍するまでの一八年間、太田姓を名乗ったのである。ただし本稿では混乱を避けるため、すべて新渡戸姓で通すことにする。

上京した新渡戸は、創設されたばかりの東京英語学校（後の第一高等学校）に入学した。英語学校といっても英語だけを教えるのではなく、数学でも地理でも歴史でも全て英語で教える学校である。卒業生の多くは東京大学に進学することになるが、新渡戸はその道を選択せずに、北海道開拓使が創設した札幌農学校に転校した。農業を学ぶためであった。

当時の若者は、将来の出世のために法律を学ぶ者が多かった。そのような時代になぜ彼は農業への道を志したのか。それには主に二つの理由があった。

ひとつには、東京英語学校に在学中、文部省から来た若い教諭から「社会を良くするために必要なのは科学の知識だ。法律や政治だけでは西洋には勝てない」と聞かされたことが脳裏を離れなかったからである。

もうひとつは、同じく東京英語学校に在学中、東北地方を巡幸した明治天皇が、青森県三本木村（現十和田市）の新渡戸家に立ち寄り、祖父と父の功績を称えて、「子孫も父祖の志を継ぎ農業に励むように」と激励されたことである。新渡戸家の先祖が代々各地の開拓事業に取り組んで大きな成果を挙げてきたことは、稲造も養父からよく聞かされていた。そのことが、天皇の言葉を通じて一層強く彼の心に刻まれることになったのだ。

農業といっても、当時と今ではその意味合いが違う。今でこそ産業全体に占める農業の割合は小さく、農業人口も全体のわずか数%に過ぎないが、当時は農業が主要産業で、全産業の八〇%以上を占めていた。そのため、社会経済の発展のため農業の生産力を挙げることが大きな課題となり、科学的な知識に基づいた農業の機械化、効率化、高度化が必要とされる時代を迎えていた。だが当時はまだ農政学や農業経済学は新しい学問で、欧米においてもようやく正当な扱いを受けるようになり始めたばかりだった。そのような時代に黒田清隆が次官を務める開拓使は、北海道開拓に従事する行政官を養成するために札幌農学校を設立し、アメリカからクラーク博士を教頭（実質的には校長）として招いたのである。これは注目に値する試みだった。

こうしてそれまで東京で勉強を続けるつもりでいた新渡戸らは、それぞれに北の辺境に思いを馳せ、北海道の開拓に冒険心を燃やすことになった。

札幌農学校において新渡戸は、内村鑑三、宮部金吾、広井勇らとともに一〇名の第二期生として四年間にわたり、三人のアメリカ人教師のもとで勉強した。その内容は農学はもとより、広くアメリカの大学に倣ったリベラルアーツ教育であった。さらにその間に第一期生を通じてクラーク博士の教えに感化され、同級生たちとともに「キリストを信じる誓約」に署名し、洗礼も受けた。

卒業を前にして彼らはブルックス教頭から開拓使で何をしたいかと希望を問われ、それぞれ第一志望と第二志望を書いて提出した。この時、他の生徒たちが畜産、農業土木、育種、動物学、獣医などを希望したのに対し、新渡戸は、第一に開墾事業、第二に甜菜《てんさい》の栽培を希望している。

これは祖父及び父の遺志を継いで北海道の開拓に従事したいという意思の表れでもあった。こうして札幌農学校で農学を学び、その応用としての開拓事業に関わったことが、後の植民政策、さらには近代日本の対外政策へと繋がっていったのである。したがって、彼にとって植民政策との関わりは、人生の後半になって突然登場したものではなく、若い頃から勉強してきた農学及び農政学の延長線上に位置付けられるものでもあったことになる。

アメリカとドイツで最先端の学問を学ぶ

札幌農学校を卒業した新渡戸は、初めの一年間は開拓使に代わって創設された北海道庁で仕事をしたが、その後は東京大学で学問を続けることにした。この時に面接官から「大学で何を勉強したいのか」と問われて、「農政学と英文学」と答えると、「なぜ英文学か」と問い直され、「太平洋の橋になりたい」と答えたことはよく知られている。しかしいざ入学してみると東京大学の授業に失望してしまう。そこで新渡戸はこんなことでは世界に遅れをとるばかりだと思い、叔父の援助を受けて私費でアメリカに留学するのである。

こうしてジョンズホプキンス大学で最先端の歴史学と経済学を学ぶうちに、彼は日米関係に強い関心を抱くようになったが、そろそろ帰国も間近になった頃、札幌農学校から助教の発令を受け、母校で教鞭をとる前に当時最も学問の進んでいたドイツで農政学を学ぶよう命じられた。

これを受けて新渡戸はヨーロッパに渡って、ベルリン、ボン、ハレの各大学で学び、ハレ大学で「日本の土地所有、その分配と農業的利用について―歴史的統計的研究」と題した論文を提出し、博士と文学修士の学位を授与された。彼の論文は『Uber den Japanischen Grundbesitz（日本土地制度論）』と題してドイツ語で出版された。

こうしてアメリカとドイツで最先端の学問を学んで帰国した新渡戸は、札幌農学校教授として多くの授業科目を担当した。その中には校長の佐藤昌介とともに担当した「植民史」の授業も含まれていた。札幌農学校こそは日本の植民学の元祖であった。

その間に彼は、北海道庁内務部殖民課の技師も兼任して、北海道の泥炭地を開拓して耕作地にするための基礎的な試験や、多種多様な排水溝を掘ってその排水効果の実験も行っていた。

また小作法の制定にも関わった。というのは、北海道庁は資本家を招いて広い土地を有利な条件で払い下げたが、せっかくそのようにして大農場ができても、それを機械で開拓せずに多くの労働者を雇って開墾させ、開墾したあとは分割して小作人に貸して地代をとるという小作農場ばかりが増えて、地主と小作人との間に他の府県では見られないようなさまざまな紛争が生じていた。そのため道庁は、特別な小作法を制定して健全な農業・農村の発展を図ろうとし、新渡戸にその指導を委嘱したのである。そこで新渡戸は道内、道外の小契約を調査し、欧米各国の小作法も参考にし、北海道小作条例草案を作成した。この草案は結局取り上げられずに終わったが、土地借用権法を取り扱ったものとしては日本で最初のものであった。

日本で最初の農学博士

この時期に新渡戸は、前述のように神経症を患い、札幌を離れて鎌倉や沼津で静養することになったが、その間に二つの農業関係の著作をまとめている。一つは『農業発達史』で、これはとりあえず講義録として発表したものである。もう一つは、長年手がけてきた農政の研究をまとめた『農業本論』で、これは彼にとっての最初の本格的な専門書であった。

『農業本論』において新渡戸は、「農を軽視して商工の発達はなし、商工のみの発達は帝国主義の弱肉強食になる」と述べ、農業の重要性を認めながらも、同時に工業、商業も発達させて、三つの産業が鼎のように協力しながら、社会全体を発展させていかなければならないことを指摘した。そしてその視点から農村と都市の連携を説いた。

彼は、後に取り組んだ台湾における糖業改良事業においても、農業、工業、商業それぞれの面から改良を加えることの重要性を強調した。今日の日本においてもまた、農業の二次産業化、三次産業化の必要性が説かれている。こうした状況を見るとき、改めて『農業本論』に示された彼の先見性に刮目せざるをえない。

新渡戸の著書
『農学本論』

こうして農学者としての業績を積み上げた新渡戸は、

一八九九（明治三二）年三月、先輩の佐藤昌介らとともに、東京帝国大学評議会の推薦により文部大臣から日本最初の農学博士の学位を授与された。彼が台湾総督府に招かれることになったのは、こうした専門家としての業績が評価されたからであった。それを通じて後藤新平の信頼を得たことが、第二章に見られるように、その後の植民政策研究の第一人者としての新渡戸の人生を決定づけるのである。

日米関係との関わりについて

ではもう一つの日米関係との関わりはどのようにして始まったのか。新渡戸が初めてアメリカの地を踏んだのは、一八八四（明治一七）年にジョンズホプキンス大学に留学したときである。

ジョンズホプキンス大学において新渡戸は歴史学と経済学を学んだ。それを通じて日米関係にも関心が深まった。そして「日米関係史」をテーマに論文を書き、それをもとに『日米関係史』（原題：The Intercourse Between the United States and Japan: An Historical Sketch）と題する最初の著作をジョンズホプキンス大学出版部から刊行している。

『日米関係史』において、新渡戸は一九世紀半ばの日本を取り巻く国際関係、特に日米関係について実証的に史実を明らかにしたが、その第三章「外交と通商」では、初代総領事として来日したタウンゼント・ハリスによる日米修好通商条約の締結を取り上げ、それを契機とした攘夷思想の高まりと衰退を経て、明治維新へと変化していく新生日本の外交・通商問題、特に条約改正問題についても論じている。

実は新渡戸は、ジョンズホプキンス大学在学中に、明治政府にとって最大の外交課題であった条約改正問題について深く関わる経験もしていた。そのきっかけは、日本から自由民権運動家の馬場辰猪らがフィラデルフィアにやってきて、条約改正の必要性についてアメリカ人に訴えて回っていたことだった。

日本が幕末の一八五八（安政五）年に結んだ日米修好通商条約をはじめとする五ヶ国との条約は、各国に治外法権を認め、さらに日本の関税自主権を認めないという不平等条約であった。そのため、条約改正は明治時代の日本にとって国民的な悲願となった。新渡戸がアメリカに留学していた当時、折しも東京では条約改正会議が進行中であった。そこで新渡戸も馬場らの主張に共鳴して、その通訳を手伝うとともに、フィラデルフィアを中心に自らクエーカーの集会などで講演し、集まった大勢の聴衆に対して条約改正の必要性を訴えたのである。これは彼にとって最初の重要な対外発信活動であった。

その中でクエーカーの集会で知り合ったアメリカ人女性も、仲間たちと一緒に日本の条約改正のため地元の有力議員などに働きかけてくれた。それがのちに妻となるメリー・エルキントンである。

この時期の新渡戸にとってアメリカは学問や宗教に関してはもちろんのこと、国づくりという点においても、日本人として学ぶべき教師の国であった。中でも彼はアメリカのデモクラシーに共鳴し、それを日本にも広めたいと思っていた。

アメリカとドイツへの留学から帰国した新渡戸は、母校で教鞭をとるかたわら、アメリカ植民地の開拓に功績を挙げたウィリアム・ペンの伝記を書き、デモクラシーを発展させて奴隷解放を実現したエイブラハム・リンカーンについて講義を行うなどして、日本にアメリカを紹介するとともに、アメリカ研究のパイオニア的な活動を行なっていたのである。

その後は体調を崩してアメリカで療養生活を続けることになり、既に述べたとおり、その間に名著『武士道』を著し、帰国後は台湾総督府に勤務することになった。その後は、総督府に勤務する間に後藤新平民政長官の欧米視察に同行してアメリカにも2ヶ月間ほど滞在し、その間にカリフォルニアで日系人の農場などを視察したことがあるが、それ以外はアメリカを訪れる機会もないまま一〇年近くが過ぎた。

その新渡戸にとって大きな転機が訪れたのは、一九一一～一二（明治四四～四五）年に一年間、日米交換教授としてアメリカに派遣されたことである。日米交換教授とは何か。なぜそのような事業が始められたのか。その背景には、日露戦争後における日米関係の悪化という深刻な外交問題が存在した。そのことは第三章において詳しく見ていくことにしたい。

4　全体像から見えてきた新渡戸の素顔

新渡戸の多岐にわたる活動からその全体像を振り返ってみると、そこからは彼の特徴的な素顔が見えてくる。それを四点ほどにまとめてみよう。

高い志

新渡戸の人生を顧みると、それは決して順風満帆と言えるものではなかった。むしろ逆境の連続であった。

具体的には、例えば、戊辰戦争で朝敵の烙印を押された盛岡藩士の子として生まれたこと、九歳で別れた母の死に目に会えなかったこと、札幌農学校在学中に精神的・肉体的な苦しみを抱えて勉強もできなくなったこと、アメリカ留学中メリー夫人との結婚に両親が反対して式にも出席してもらえなかったこと、長男を生後一週間で失ったこと、神経衰弱を患い札幌農学校教授を辞職せざるを得なくなったこと、人生の後半では軍部を批判して右から攻撃され、さらに反日感情の高まる中でアメリカ講演に出かけたことで軍部に妥協したとして左から非難されるなど、どれをとってみても苦悩の連続の人生であった。まさに逆境の人である。

しかし彼はそれに耐え、名誉心と努力、克己心に支えられて逆境を克服した。それができたのは彼には高い志があったからである。祖国の名誉と発展のために尽くしたいという強い使命感を持ち続けたからである。

新渡戸は若い頃、「我、太平洋の橋とならん」との志を立てた。若い時に志を高くもてば、いつかその思いがかなう日がやってくる。たとえ目標に届かなかったとしても、それに向かって挑戦したことに意義があるし、その努力は決して無駄にはならない。そのように自分が立てた志に向かって挑戦する生き方は、それ自体に価値がある。途中で不運に見舞われ、絶望的になったりすることもあるだろうが、そうした逆境の中でこそ、人間は大きく成長するのだ。

彼は人生の前半で、自らいくつかの無謀とも思われる人生の選択をした。東京から札幌農学校に転校し、さらに東京大学でも学んだが、失望してアメリカに留学した。これらはいずれも自分の意志に基づいて、あえて困難な道を選択した結果である。そしてそれぞれの取り組みにおいて、心身の限界まで人一倍の努力をした。そのおかげで、後半生においては、あちこちから請われる形で自分に与えられた大きな仕事に取り組むことができた。こうした人生の選択の原動力となったのは、若いころに立てた高い志であり、使命感であり、それに向けて自分を律する克己心であった。

弱者への眼差し

新渡戸は自分の信念を曲げずに筋を通す強さを持っていた。しかしそれは決して相手を力で圧倒してねじ伏せるといった強さではない。そうではなく、どんな批判や圧力にもじっと耐えながら信念を曲げないという意味での勁《つよ》さ、英語で言えばレジリエンスである。それを支えていたのは彼の信仰心であった。人からどんなに批判され中傷されても、神様だけは自分を理解して守ってくれると彼は信じていた。その心境を表すのが、彼が好んで詠んだ和歌、「見る人の心ごころにまかせおきて高嶺に住める秋の夜の月」である。

彼は他人の批判や中傷が気にならなかったわけではない。むしろそのことに深く傷つくという一面があった。それほど繊細で傷つきやすい神経の持ち主で、他人の気持ちには敏感に反応する人だった。もっとも、他人の痛みがわかるということは、それだけ想像力が豊かであるということでもある。

新渡戸はやさしい心の持ち主であり、まるで愛の塊のような人だった。困っている人、子供や女性など弱い人を見ると、援助の手を差し伸べずにはいられなくなり、すぐに本能的に行動してしまうのだ。そういう感受性の強さは、時には弱さと映ることもあったようだ。

しかしこうした弱者への同情心を持っていたことが、彼の活躍の場を広げ、世の多くの人々に希望を与え、感謝されることにもなった。彼は植民地主義の支配者の立場から植民政策論を展開したが、そこにおいても非支配者の視点を忘れることはなかった。

愛国心と国際心

新渡戸は愛国心と国際心の両方を兼ね備えた人物だった。愛国心とはナショナル・マインド、国際心とはインターナショナル・マインドである。彼にとってこの両者は互いに対立する概念ではなかった。愛国心と国際心が相対立する概念であるかのように受け止められているとすれば、それはこの言葉の使い方に問題がある。

戦後の日本においては、国際人という言葉がよく使われるようになったが、国際人というと、一般的には英語が喋れて、外国のことをよく知っていて、何となく洗練された格好いい人といったイメージが強い。愛国心を否定して、自国を批判すれば、それで国際人になれると勘違いしている人もいる。だがそれで世界に通用すると思ったら大間違いだ。国民性の観念を欠いた世界主義（コスモポリタニズム）や普遍主義（ユニバーサリズム）を振り回すのは、単なる根無し草に過ぎない。似非国際主義者と言ってもいいのだ。

真の意味での国際人とは、ただ英語が上手だったり、外国のことを知っていたり、外国人と仲良く付き合ったりすることではない。高い理想の実現を目指して、自国のために主張すべきところは主張し、相手を説得し、なおかつ相手から尊敬され、信頼されて、はじめて本物の国際人といえるのだ。新渡戸こそはその意味での真の国際人であった。

彼は愛国心を拡大したものが国際心であると考えていた。祖国同胞を思う愛国心の延長線上に国際社会があり、人類愛があると考えていた。だから愛国心と国際心は繋がっており、一体のものでなければならないのである。

この考え方を理解するには二重丸を描いて、国際心という大きな円の中に、愛国心という小さな円があると考えると分かりやすいと思う。二つの円は重なり合う。そして愛国心の円が小さすぎてもいけないし、逆にそれが国際心の円より大きくなってもいけないのである。だから、「国際心を抱こうとする人は、まず自分の足で祖国の大地にしっかりと根を下ろさねばならない。それから頭を挙げて、広々した世界を見まわすと、自分がどこに立っているか、どちらに向かって行かねばならぬかが分かる」のであり、見方を変えれば、「世界を知らぬ者は、自分の国をも知らない」ということになるのだ。

新渡戸は、「良き国際主義者は、良きナショナリストでなければならず、また、良きナショナリストは良き国際主義者でなければならない」とも言っている。また、「人は、自分の国に尽くすことによって国際主義のために役立つことができる。また国際的感覚を身につけることにより、自分の国の利益と名誉の発展に貢献できる」という言い方もしている。その通りだと思う。

新渡戸が自分自身の理想としたのは、愛国心と国際心を併せ持った「インターナショナル・ナショナリスト」という生き方であった。そして彼はそれを生涯にわたって実践したのである。この考え方は今日においても十分通用する。

優れたバランス感覚

新渡戸は優れたバランス感覚の持ち主であった。彼が一高の校長として生徒たちに好んで使った言葉の一つに「センス・オブ・プロポーション」というのがある。小さいものは小さいものとして、大きいものは大きいものとしてとらえるということであろう。要はバランス感覚のことだ。

彼の人生にとってこのバランス感覚は極めて重要であった。なぜなら彼の生涯は、思想家としての人生と行政官としての人生の調和にうえに成り立っていたからである。彼にとってバランス感覚とは、一私人としての個人の自由意志に基づく理想主義者としての新渡戸と、一公人としての国益を追求する現実主義者としての新渡戸との調和を図ることでもあったのだ。

新渡戸は若い時から「太平洋の橋とならん」との高い理想を抱いて、生涯にわたってそれを追求した。しかし現実の社会から遊離することはなかった。他方、現実の問題に取り組む時にも、決して理想を忘れることがなかった。虫の目と鳥の目の両方を併せ持つことができたのだ。彼は狭い専門知識よりも幅広い教養を重視した。本人は「偉大な常識人」になることを目指していたと述べている。

一高で新渡戸校長の薫陶を受け、戦後に文部大臣も務めた田中耕太郎は、「先生は外見よりも一層民族主義的であり、また外見よりも一層国際主義者であった。」と回顧しているが、この言葉からも新渡戸の人間としての幅の広さが伝わってくる。こうしたバランス感覚と人間としての幅の広さに、私は魅力を感じる。

第2章　新渡戸稲造と植民政策

第2章では、新渡戸稲造と近代史、特に植民政策との関わりについて振り返り、これまであまり語られなかった彼の人生の側面に光を当てる。それを通じて、新渡戸が日本の近代化と国際化の過程にどのような役割を果たしたのかを明らかにしたい。

その際、重要なことは、どのような視点から過去の歴史を見るかである。大事なことは、特定のイデオロギーや偏見に基づいて過去の歴史を評価してはならないということだ。特に現在の価値観を前提にして過去を裁いてはいけない。あくまでも当時の時代背景と、その中で日本の置かれた立場を踏まえて、事実をありのままに客観的に見ていかなければならないのだ。

1　台湾の産業開発への貢献

日本の台湾統治の始まり

前にも述べたように、新渡戸が植民政策に深く関わるきっかけとなったのは、一九〇一（明治三四）年から三年間、台湾総督府に勤務したことだった。このことが新渡戸の人生にとっての新しい飛躍の機会ともなる。では、その台湾とは一体どういうところだったのか、簡単に振り返ってみよう。

台湾はかつては倭寇や海賊の巣窟だった。「タイワン」とは先住民族の言葉で「客人」を意味し、それが島を指す固有名詞になった。英語では「フォルモサ」と呼ばれる。一五四四年にポルトガル人が海からこの島を見て、「Ilha Formosa!」（麗しの島）と叫んだことから、そう呼ばれるようになった。

台湾島は一七世紀の初頭以降、四〇〇年間にわたって外国の支配下におかれてきた。初めはオランダ、一部にスペイン、ついで鄭氏政権、清朝、日本、そして戦後の中華民国国民党政権を経て今日の台湾へとつながっている。

最初の支配者はオランダである。一六二二年にバタビア（現・ジャカルタ）の東インド会社から派遣されたオランダ軍が台湾と澎湖島を占領し、明国から台湾領有を認められると、オランダは台南に商館を設置した。一時はフィリピンを拠点としていたスペインが台湾北部の淡水を占領したが、オランダ艦隊はこれを陥落させてその支配範囲を全島に広げた。オランダは台湾を日本の銀と中国の生糸を交換する中継貿易の拠点とする一方で、積極的な植民地経営にも乗り出し、鹿皮、鹿肉、農業開発、砂糖産業の育成などに取り組んだ。こうして四〇年にわたるオランダによる台湾統治が続いたのである。中国との貿易の担い手となったのは福建沿海を支配する海賊の頭領、鄭芝龍であった。

だが中国で明朝が倒れ、代わって満洲族の清朝が天下を統一すると、鄭芝龍の息子で平戸の日本人女性を母にもつ鄭成功が、明朝の再興を目指して清朝相手に抵抗運動を開始して、遠征を繰り返した。しかしついにその夢を果たせず、一六六二年に台湾のオランダ勢力を追放し、そこを本拠地とした。直後に鄭成功は急死するが、息子の鄭経が後を継いで二一年にわたり鄭氏三代の政権が台湾を支配することになった。鄭成功の波乱に富んだ生涯を題材にしたのが近松門左衛門の人形浄瑠璃「国性爺合戦」である。

その後の台湾は、清国の侵攻を受けて鄭氏政権が倒れた後、一八九五（明治二八）年に日本の統治下に入るまでの二一二年間、清国の支配下に置かれた。だがその実態はほとんど放置状態と言ってよく、その間に大陸の福建や広東からの移民が増大していった。

明治維新後、日本と清国は朝鮮の帰属問題をめぐって対立を深める。一八九四（明治二七）年に日清戦争が勃発すると、翌年三月に日本は台湾沖の澎湖島を占領した。そして四月に締結された下関条約に基づいて台湾と澎湖島が日本に割譲されたのである。

こうして日本は台湾を領有したものの、台湾の統治は簡単ではなかった。当初は各地でゲリラ活動が活発化したため、台湾統治はまず武力抵抗に対する鎮圧から始めなくてはならなかった。さらに、下関条約締結後にフランスの援軍を頼りにした台湾独立の動きが起こり、台湾民主国独立宣言も出された。もっとも台湾民主国の唐景崧総統ははじめから逃げ腰であり、二週間後には廈門へ逃走してしまった。

初代の台湾総督に任命された樺山資紀海軍大将は、北白川宮能久親王の率いる近衛師団と合流して台湾に上陸し、まず最北端の港である基隆を占領した。そして敗走した台湾民主国の清国兵が各地で略奪や暴行を働くなか、日本軍は台北城内の商人たちの要請を受けた辜顕栄の案内で台北に無血入城を果たした。だがその後の南進作戦は強い抵抗を受け、全島の鎮圧に五ヶ月を費やすことになった。

その後も各地でゲリラ活動が活発化した。陸軍軍人の中から任命された歴代総督（第二代乃木希典、第三代桂太郎）が治安の確保に努めたが、マラリヤなどの伝染病で命を落とす兵士も多く、平定は困難を極めた。そのため日本国内においては台湾は放棄したほうがよいとの極論すら出ていた。

そこに切り札として登場したのが、一八九八（明治三一）年二月に第四代総督に就任した児玉源太郎である。児玉は伊藤博文や桂太郎らの長州藩に近い徳山藩出身の軍人で、知将の誉れが高く、政治や外交にも見識があった。ただし児玉総督は八年あまりの総督在任中に陸軍大臣、内務大臣、文部大臣、参謀本部次長、満洲軍総参謀長を歴任して多忙を極めたことから、留守総督と呼ばれていた。その児玉総督の下で総督の全面的な信頼を得て、民政長官として八年間の長期にわたって台湾経営に辣腕を振るったのが後藤新平である。

後藤新平とはどういう人物か

後藤新平は一八五七（安政四）年に現在の岩手県の奥州市（旧水沢市）に生まれた。盛岡生まれの新渡戸とは同県人ということになるが、厳密に言えば、盛岡は旧盛岡藩、水沢は旧仙台藩である。後藤家は中級武士で暮らしは楽ではなかったが、新平はその能力を見込まれて福島県の須賀川医学校に学び、愛知県立病院に医師として勤務し、その後ドイツ留学を経て、三五歳で内務省衛生局長に抜擢された。

後藤新平　　児玉源太郎

後藤が台湾との関わりをもつようになったのは一八九六（明治二九）年、内務省衛生局長をしていた時のことで、発端は阿片問題であった。後藤は台湾における阿片の吸飲問題について意見書を提出したのである。彼が提案したのは、阿片はできれば一挙に禁止するに越したことはないが、強権をもって禁止すると混乱を招きかねない。そこで政府がこれに重税を課すことで段階的に吸飲量を制限しながら、他方で、その収入を台湾の衛生事業施設の整備に充てるべきだという、いわば阿片漸禁策である。するとこれが台湾事務局総裁の伊藤博文総理の目にとまり、後藤は衛生局長在職のまま台湾総督府衛生顧問を兼任することになった。ほどなく樺山資紀に代わって桂太郎が第二代の台湾総督に任ぜられると、桂はこの後藤の提言を尊重したのである。

その後、一八九八（明治三一）年、乃木希典を継いで第四代総督に就任した児玉源太郎のもとで後藤が民政局長（後に民政長官に改称）に抜擢されるのだが、二人の出会いはその数年前、日清戦争直後のことであった。

当時陸軍次官を務めていた児玉は、日清戦争が終わって復員してくる将兵たちの検疫を実施することにし、そのため大阪に臨時陸軍検疫部を設置して、後藤新平を事務官長に任命し、自分は部長となって事実上後藤に全権を委任したのである。

帰還兵の検疫という世界の歴史始まって以来の大事業を

任された後藤は、文字通り不眠不休でこの仕事に取り組んだ。そして三ヶ月間に六八七隻の輸送船で運ばれてくる二三万人余の帰還兵の検疫を実施し、コレラ三六九名はじめ、腸チフス、赤痢などを含めて九九六名の感染者を隔離して感染拡大を阻止し、見事に児玉の期待に応えた。

こうして児玉は後藤の並外れた行政能力を高く評価することになり、自分が台湾総督に就任すると後藤を民政長官に任命して、八年余にわたって思う存分に仕事をさせた。後藤はその信頼に応えて、産業の振興や鉄道の敷設をはじめ台湾の植民地経営に大きな功績をあげ、現在でも台湾の恩人として多くの人からその功績を称えられている。

民政長官に就任した後藤はあらゆる分野において日本で最も優れた第一級の人材を登用した。台湾統治にとって重要なことは財政の独立であった。そのためには何よりも産業の発展を図る必要がある。そう考えた後藤は、「だれかもっともその任に相応しい指導者はいないか」と知人に相談したところ、「新渡戸稲造君がよかろう」との返事が返ってきた。そこで自ら長文の電報まで打って強引に新渡戸を口説き落としたのである。

後藤と新渡戸の初対面

台湾での新しい任務に着くことになった新渡戸は、その前に、ヨーロッパ諸国の植民地における熱帯農業を調査するため一年間の猶予を願い出て、一九〇〇（明治三三）年二月にアメリカから大西洋を横断してジブラルタルに向けて出航し、スペインを経由してパリに到着した。パリでは万国博覧会に出席する日本使節団が来ていて、新渡戸も博覧会の審査官を嘱託されたので、四ヶ月間パリに留まって与えられた任務を果たした後、本来の調査に取り掛かるためにエジプトからスエズ運河を経由し、インド洋を回って香港まで行き、一九〇一（明治三四）年一月に神戸に着いた。

神戸には総督府の役人が迎えに来ており、直ちに東京に向かった。東京駅に着くと後藤新平の代理の者が待っていて、「この足で直ちに後藤を訪問してもらいたい。後藤が自ら出迎えるところだったが、インフルエンザで高熱を発して寝込んでいるので、外出ができない。ご苦労だがすぐに立ち寄ってもらいたい」と言われ、そのまま後藤邸に直行した。この時の二人のやりとりが、それぞれの性格を表していて興味深い。

後藤は風邪で高熱を発して寝込んでいたにもかかわらず、新渡戸の長旅の労をねぎらい、そのあといきなり尋ねた。

「君は役人になるつもりか、それとも役人はいやか」

「自分が北海道庁を辞めたのは、役人がいやだからではなく、病気のためです。今度は役人としてではないのですか」

「役人として発令すると、君の履歴では五等官以上の技師より高くはできないが、もし役人ではなく嘱託とかの名義にすれば、俸給はいくらでも出すことができる」

「そういう規則には不案内ですが、他に芸もないので、やはり俸給が低くても、役人になるよりほかに道はないと思う」

「五等官となれば、俸給はよくいっても四級俸以上にはできない。嘱託ならいくらでも出せる」

「自分はお金で身を売る考えはないので、俸給はどうでも結構です」

それから数日後、新渡戸は正式に総督府技師に任命するとの辞令を受け取った。見ると身分は五等官だったが、それにもかかわらず俸給だけは一級俸という一等官並みの破格の扱いになっていた。

実は、後藤は新渡戸を台湾総督府殖産局長として高給をもって迎えようとしていたが、まだ若すぎるという理由で事務局から反対されていた。そこでどうすれば高い給料を出せるかを思案中だったのだ。しかし初対面でのやり取りで新渡戸という人物に信頼をおいた後藤は、内務省の強い反対を押し切ってこの異例の待遇を与えるよう計らったのである。

これがその後の新渡戸の人生を左右する後藤との深い親交のはじまりであった。その後の新渡戸は、あたかも後藤に操られるようにして京都帝国大学教授となり、第一高等学校校長として名声を博し、東京帝国大学に植民政策講座が開設されるとその初代担当教授に就任し、さらに第一次大戦後に発足した国際連盟の初代事務次長に就任するのである。

「糖業改良意見書」の提出

台湾に赴任した新渡戸は殖産課長に任ぜられ、早速、児玉総督と後藤民政長官から台湾産業の振興策について意見書を提出するよう求められた。新渡戸が「その前に全島を視察して現状を把握したい」と述べると、後藤から「実際的なことなら、われわれの方がよく知っているから、別に君の議論を煩わす必要がない。われわれの望むところは、君が海外にあって進んだ文化を見て、その眼のまだ肥えている中に、理想的議論を聴きたい」と言われた。

そこで新渡戸は、台湾の産業振興のために何が一番適しているかをあらゆる角度から調査し、

台湾総督府時代の
新渡戸稲造

その結果、糖業、それもサトウキビから作る蔗糖がもっとも有望であるという結論に達した。その理由は、砂糖は穀類と違って加工品なので、改良の余地が多いことと、当時の日本は砂糖を輸入するために莫大な外貨を費やしていたので、そのための外貨流出を削減するためにも台湾の糖業の振興を図る必要があると考えられたからである。

しかしそのためには、まず農業政策を定めて砂糖の産額を増やし、ついで工業政策を立てて品質を改良し、さらに商業政策により海外輸出を図らなければならない。第一の砂糖の産額を増やすためには、サトウキビの種苗の改良が必要となってくる。これについてはハワイからの優れた種苗を使い、さらに培養方法の改良と灌漑の導入を図ることによって実現できると考えられた。第二の加工面の改良については、搾汁方法の改良に加えて製造組織の大規模化により、製糖の効率化を図ることが可能であると考えられた。さらに水利の悪い水田や新開地を活用してサトウキビを増産することも検討してみた。

こうした検討を重ねた結果、台湾における糖業には高い収益性が見込まれることが明らかになった。最大の課題は、ただでさえ保守的な農民たちにこれまでの非効率的なやり方を捨てさせて、新しいやり方を採用させることができるかどうかであった。それを個々の農民の個人的な選択に委ねたのでは効果が期待できない。農業の進歩は商工業とは異なって国家の力を必要とするので、政府が余程の強い決心をもってこの事業を実行する体制をつくらなければ事業の成功は望めないのだ。

こうして多角的な視点から研究を重ねた末に、新渡戸はこの事業を十ヵ年計画とし、事業遂行のために糖業奨励法を発布して各種の奨励策を講じること、事業実施のための組織として民政部から独立した臨時台湾糖務局とでもいうべき機関を設置することなど一四項目からなる提言を取りまとめた。そして、一九〇一（明治三四）年九月、これらの検討内容および提言を「糖業改良意見書」として児玉総督に提出したのである。

数日後、新渡戸は児玉総督から呼び出された。二人の間では次のようなやりとりが行われた。

「本当にこれで行けるかね」

「はい、技術上、学術上からは必ず行けると思います。しかしそれはこの意見書通りに実行するかしないかによります。この中で特に閣下に読んでいただきたいと思うところが一ページございますが」

「それはフレデリック大王のことではないか」

「そのとおりです。フレデリック大王はプロシアの農政改革実行のために、時には警察権を用い、時には憲兵の力を借りて、きびしくやりました。糖業を基礎として台湾の財政独立を図るには、フレデリック以上の決意を要するものと思います。保守的な農民を相手に改良種を植えさせたり、進んで機械を用いさせたりするのは容易ではないと思いますので、仮に私にこれをやれと言われたところで一兵卒のない技術官には何もできません。この意見書でやるかやらないかという問題は、ひとえに総督の決心ひとつにかかっているのです」

するると児玉総督は椅子から立ち上がって、部屋の中を何度も歩き回った。しばらくして総督は再び椅子に戻って、にっこり笑いながら、「新渡戸君、やろう」と力強く述べた。この一言がその後の台湾糖業の発展を約束したのであった。

臨時台湾糖務局長に就任

こうして台湾の糖業改良計画は帝国議会に提出され、無事議会を通過した。新渡戸はこの計画に沿って、さっそく改良されたサトウキビの種苗を輸入し、試験場を設けてさらに品種改良に努めた。製糖方法の改善にも努めた。

その間に殖産局長心得に昇進し、香港、シンガポール、ジャワ、セイロン、オーストラリアに出張して、農業現場を視察している。さらに帰国してすぐに、後藤民政長官に同行して半年間にわたる欧米視察にも出かけた。この視察は、植民地統治は母国的見地からではなく世界的識見の上に建設しなければならないという後藤の考えから企画されたもので、訪問先はカナダ、アメリカ、キューバ、イギリス、フランス、ドイツ、ロシア、バルカン諸国、エジプトなどである。こうして台湾総督府に勤務と言っても、そのうち一年余りは海外出張に費やしたことになる。

その後、総督府には新たに臨時台湾糖務局が設置されて、新渡戸が正式に局長に任命され、糖業改良計画に基づく事業は、官民を挙げた努力により短期間のうちに大きな成果を挙げた。砂糖の生産高はわずか数年のうちに三倍にも伸び、そのおかげで日本はもはや外国産の砂糖を輸入しなくても国内の需要を満たすことができるようになった。それ以後も台湾糖業は飛躍的な発展を遂げ、世界でも有数の砂糖の生産高を誇ることになる。また、このほかの経済政策も効果を挙げたので、台湾の財政は予想よりも五年早く、一九〇四（明治三七）年には政府からの補助金をもはや必要としなくなった。つまり財政の自立が実現したのである。

新渡戸から見た児玉と後藤

新渡戸が台湾で担当した仕事は大きな成果を挙げたが、その最大の要因は、児玉源太郎、後藤新平、新渡戸稲造という超一流の人物がそろって、互いに信頼しあい、一丸となって取り組んだことにある。

新渡戸にとって児玉と後藤の優秀さはよほど印象的だったようだ。彼は二人を評して「児玉はどんなに難しいことを説明しても一〇分もあれば理解する。後藤は二〇分ぐらいかかる。自分が同じ説明を聞いたら理解するのに二時間はかかるだろう」と語っている。

人一倍スケールが大きく豪放磊落《らいらく》な性格の後藤ではあったが、彼には部下への気遣いを忘れないという一面もあった。総督府で大事な会議が開かれることになって、新渡戸も出席したところ、後藤は末席に座っている新渡戸をみつけ、「昼寝はすんだのか」と尋ねた。「今日はまだです」「今日はまだというのは、普段は例の昼寝はしているのかね」と言う。その口調には、新渡戸が医者の命令に背いて、周囲にも遠慮して昼寝をしないでいるのだなという気持ちが表れていた。やがて後藤は声を張り上げて全局課長に聞こえるように、「君の体は少し違うのだから、かねて話しているように、午後一時間の昼寝を怠ってはいけない。今日の会議の様子はあとで知らせるから、早速行って休みたまえ」と言ったのである。それからというもの、新渡戸は誰にも遠慮することなく一時間の午睡をとることができるようになった。

新渡戸は児玉総督についても、剃刀のような鋭さがある反面、「情に触れるような、良い意味においてのセンチメンタルなところがあった」という。だがそのあとさらに言葉を続けて、「後藤さんは、センチメンタルな点については、児玉さんより一層厚い。したがって涙もろい人であった」と述べている。

もっとも、そういう新渡戸自身も情にもろいことにかけては人後に落ちなかった。芝居を観てはよく涙を流していたし、女性の不幸な身の上話にはすぐ同情心を起こしてしまうのだった。一見それぞれに性格の異なる三人ではあるが、こうした純粋な情において、互いに相通じ合うものを共有していたのであろう。

行政官から大学教授に転出

台湾総督府での仕事を始めてから三年近くになった頃、新渡戸は京都帝国大学法科大学の教授として植民政策と統計学を講じることになった。

新渡戸を京都帝大に送り込んだのは後藤新平である。新渡戸の才能を非常に高く評価していた後藤は、彼ほどの学殖豊かな人物をいつまでも台湾に置いておくべきではないと考えていた。そこで台湾旧慣調査会の委員だった京都帝国大学法科大学長の織田萬を京都に訪ね、同大学で新渡戸に講義を担当させるよう勧めたのである。こうして新渡戸は、再び後藤新平に導かれて、植民政策の研究者としての道を歩み始めるとともに、札幌農学校以来となる学生の指導にも当たることになった。

しかしそれは二年余りしか続かなかった。文部大臣の牧野伸顕から第一高等学校の校長に就任するよう要請されたからである。

京都の生活が気に入っていた新渡戸は困惑したが、後藤とも相談した上、長期間は困るので精々両三年とすること、東京帝国大学教授を兼任すること、昼食後三〇分間の昼寝を許してもらうことなどの条件を認めてもらって、一高校長を引き受けることにした。

ところが、人生とは皮肉なもので、新渡戸の一高校長在職は六年間に及んだ。退任に際して彼は、「後になって我が生涯を顧み、一番骨の折れたのも一高の校長時代であったが、最も愉快だったのもやはり一高校長時代であると言いえるに違いない」と述べたが、その言葉通り、一高校長としての六年間は、新渡戸にとっては人生最良の時期でもあったと言えるだろう。今でも新渡戸の名声は、『武士道』の著者として以外には、もっぱら人格主義の教育を通じて次代を担う優れた指導者を育てた第一高等学校の名校長として記憶されているのである。

2　日露戦争と朝鮮・満洲

日露戦争とは何か

新渡戸が台湾総督府の仕事を続けながら京都帝国大学法科大学の教授を兼務していた一九〇四（明治三七）年二月、日本は大国ロシアを相手に宣戦布告した。

日露戦争について新渡戸は、これを「日本にとって生死をかけた戦い」であり、正義の戦いであると捉えていた。メリー夫人も、クエーカーとして生まれ育ち、父や弟たちも熱心な平和主義者ではあったが、弟への手紙の中で日本の立場を強く弁護して、「今は戦うしか方法がありません」と戦争の必要性を説き、アメリカの友人たちにも支援を求めた。

この点において新渡戸夫妻は内村鑑三とは意見を異にした。新渡戸は、台湾総督府の仕事を通じて桂太郎、児玉源太郎、後藤新平といった国家運営の重責を担う人たちと接する中で、国防問題についてもより広く、かつ現実的な視点から眺めることができるようになっていたのである。

ただし、誤解のないように付け加えれば、新渡戸は日露戦争を支持したが、決して戦争賛美者ではなかった。開戦から二ヶ月後、彼は青年向けの『随想録』に「治乱の心構え」と題する随筆を書き、その中で、「治にいて乱を忘れずよりも難しいのは、乱にいて平和を忘れないことだ。戦争は目的ではなく、平和の手段である」と述べて、勝利の後にもたらされる経済的、道徳的な諸問題にどう取り組むかが重要だということを強調した。

さらに平和の到来が間近になると、「戦後の事業」と題して、戦後対策に関して次のような取組みが必要となることを訴えた。

・遺族を手厚く保護すべきこと
・韓国を復活させる取組が重要であり、それには外交家や将軍よりも教師、農業家、説教者、工学者のほうが役に立つこと
・借金返済のためにも、国内資源の開発、産業の振興が急務であること
・貿易振興のため海運業を増進すべきこと
・列強との関係は一層密接化し、アジア諸国は日本を範とすべきこと
・欧米との外交通商の進展に伴い西洋言語、特に英語を習得すべきこと
・西洋とのコミュニケーションの緊密化と相互理解のためには、単に英文を読むだけでなく、英文を書くことを学ぶ必要があること

そもそも日本はなぜロシアと戦わなければならなかったのか。一九三一（昭和六）年に著し

た英文著作『日本』において、彼は次のような歴史認識を表明している。

「日露間の決裂は、突然起こった考えでも、偶発事でもなかった。何十年もの間、両国は心で武装してきていた。直接対立がそんなに長い間避けられてきたのは、緩衝国が在ったからだった——中国と朝鮮がそれであった。しかし、これら両国が非常に脆弱で頼りにならぬと判明したとき、アジアの主導権を得ようとする両国は、互いに直面し合うほかはなかった」

「朝鮮が中国の手に落ちるのはとても悪いことだったが、ロシアの手中に陥れば、日本に対しては積極的脅威だった。地図を眺め、半島が南東に突出し、その先がまさに帝国の心臓に突きつけられている様を見よ。ロシアはこれを知っていた。……そして着々と、一八世紀と一九世紀の間に、ロシアはその国境を東へ東へ押し推し進めてきたのだった。ついで中国から、アムール河とウスリー江流域を得たのち、軍を南に進めていた。アメリカ人の好きな言い方でいうと、ロシアの『自明の運命』は、朝鮮を合体し、ついで日本を東の海に突き刺すことであることは確かであった」

日露戦争は突然始まったのではない

たしかに、歴史を振り返ってみれば、新渡戸が指摘するように、日露戦争は一九〇四（明治三七）年に突然始まったのではなかった。その前に日清戦争で勝利した日本は、下関条約に基づいて台湾だけでなく、遼東半島も領有することになった。ところが、これに対してロシアはフランス、ドイツと共同で、日本に対して遼東半島を清国に返還するよう要求してきたのだ。

三国干渉である。だが、この時の日本にはこの要求を跳ね返す力がなく、涙を呑んでこれを受け入れざるを得なかった。するとこの三国はその見返りに清国から次々と租借地を獲得し、勢力圏を拡大したのである。ここで指摘しておかなければならないのは、三国干渉は日本に負けた清国の李鴻章の方からロシアに持ちかけたものだったということだ。こうして、ロシアは北満洲を貫いてウラジオストックを終点とする鉄道敷設の特権を獲得するとともに、返還させた遼東半島の旅順港と大連港を租借して、旅順には難攻不落の要塞を築いた。ドイツは山東半島南部の膠州湾を、フランスは広東省南部の広州湾をそれぞれ租借した。さらにイギリスも山東半島の威海衛を租借した。

その後一九〇〇（明治三三）年の義和団事件では、日本を含む列国が連合軍を派遣して北京を制圧したが、ロシアはこれを機に満洲に二万人の兵を送り込み、そのまま満洲を軍事占領してしまった。ロシアはその後も撤兵の約束を守らず、それどころか着々と南下政策を推し進め、韓国政府から馬山近くの艦隊停泊地を租借し、さらに鴨緑江下流の韓国領内に軍事施設を建設してしまうのである。

日本政府は、こうした動きに危機感を強めざるを得なかった。そこでロシアに対して満洲での特権的地位を認める代わりに、日本には朝鮮での特権的地位を認めるという満韓交換論を提案したが、それもロシアに拒否された。こうして日本の国民世論は対露開戦論へと傾いていった。

桂内閣の外務大臣小村寿太郎はこうしたロシアの意図を早くから見抜いていた。彼は、日露の対決が避けられないとすれば、折から建設中のシベリア鉄道が完成して極東におけるロシアの軍備が増強される前に戦わない限り日本に勝ち目はないと考えていた。こうして、ついに一九〇四（明治三七）年二月、日本は国家の存亡をかけて、「東洋の治安と、韓国の保全のため」ロシアに宣戦布告したのである。

日露戦争で日本が勝利したことは世界中に大きな衝撃を与えた。なかでも列強の支配下にあった有色民族に与えた独立への希望は大きかった。それは孫文の「日本がロシアに勝った結果、アジア民族が独立に対する大いなる希望をいだくにいたったのです」、あるいはネルーの「もし日本が、もっとも強大なヨーロッパの一国に対してよく勝利を博したとするならば、どうしてそれをインドがなしえないといえるだろう？」などの言葉にも表れている。

なぜ韓国を併合したのか

日露戦争が終結すると、日本はポーツマス条約に基づいて韓国（大韓帝国）を保護下においた。列強も日本と新たに条約を結び、それぞれの植民地支配の承認と引き換えに日本の韓国支配を承認した。すなわち、桂・タフト協定は、日本はアメリカのフィリピン統治を認め、アメリカは日本の韓国に対する優越的地位を認めたものである。第二次日英同盟は、適用範囲がインドに拡大されるとともに、イギリスが日本の韓国に対する保護権を認めることを骨子としていた。さらにロシアやフランスとの間でもお互いにそれぞれの権益を認め合った。こうして日本は韓国の外交権を掌握し、保護国化して統監府を置き、四度も総理大臣を務めた伊藤博文が初代韓国統監に就任したのである。

その後明治政府は、日本の安全と満洲の権益を守るためには、保護国化から一歩進めて韓国を併合する必要があると考えるようになった。伊藤は初めのうちは併合に消極的な立場をとっていたが、一九〇九（明治四二）年七月、桂太郎内閣は、枢密院議長となった伊藤の了承も得て韓国併合を閣議決定する。イギリスやアメリカもこれを了承し、清国もロシアも異議を唱えなかった。こうして一九一〇（明治四三）年八月、日本は韓国内の賛成派と手を結び、反対派を抑えて併合に踏み切った。初代の朝鮮総督には寺内正毅陸軍大将が就任した。

この日韓併合について、日本が力ずくで一方的に韓国を併合したと見るのは当たらない。以前から韓国国内にはさまざまな政治勢力が存在し、その時々の状況に応じて中国やロシアなど外国勢力と手を組んだり、離れたりしていた。そうしたなかで李容九や宋秉畯らの改革派は、韓国の文明開化と近代化を達成するには日本と組む以外に方法はないと考えるようになった。彼らは一九〇四（明治三七）年に一進会を結成し、一九〇五（明治三八）年には日韓保護条約を歓迎し、一九〇九（明治四二）年には韓日合邦を要求する声明書を発表していた。日本はこうした改革勢力と手を組んで、両国政府の合意に基づいて日韓併合に踏み切ったのである。

伊藤博文

日本が参考にしたのは、アメリカによるハワイ併合やイギリスによるビルマ併合のような強権的なものではなく、一八世紀のイギリスでイングランドとスコットランドが合邦して「グレート・ブリテン王国」となった事例であり、「植民地化」ではなく、文字通り「併合」であった。

この時一高校長だった新渡戸は、生徒たちに、「グレート・ジャパン（大日本）」の建設を志して、他民族とも相手の存在価値と長所を認め、広い精神で交わっていかなければならない」、「島国根性を捨てて大きな心持にならなければならない」と述べて、彼の持論である社交主義と国際心を説いた。

満洲経営という新しい課題

満洲については、問題はもっと複雑であった。もともと満洲は清王朝を建設した満洲族の土地である。中国は満洲について領土主権を主張するが、しかし中国の領土は伝統的に万里の長城までであって、その先の満洲はかつて一度も中国の一部であったことはなかった。辛亥革命を起こして中華民国を創設した孫文も、満洲のことをあたかも外国であるかのような言い方をしていたし、実際、満洲を本拠地とする軍閥である張作霖はほとんど独立していて、自らの財源と自らの軍隊をもち、自分の名で外国政府と条約締結を行っていたのである。

しかし、それにもかかわらず、中国以上に満洲に対して強い権利を要求する国もなかったので、結局、中国が満洲に対する慣行上の権利を手に入れることになったのだ。

ところが、前述のように、ロシアはこの満洲に領土的野心を抱いていた。三国干渉の後も中国と条約を結んで満洲全域を事実上占領し、南下政策を進めるための基地としていた。日本はこうしたロシアの南下政策に危機感を抱いて、ついに自国の安全を守るためにロシアと戦うことを決断し、世界の予想を覆して勝利を収めたのだった。

日露戦争が終わると日本はポーツマス条約によって、賠償金を得ることはできなかったものの、韓国の支配権を認めさせ、遼東半島南部（関東州）の租借権を取得し、南満洲鉄道の権益を譲り受け、南樺太を領有することになった。その結果、満洲の領土主権はそのまま中国に残ったが、その一方で、日本の影響の及ぶ広大な地域が誕生することになった。この満洲をどのように経営するかが、その後の日本にとっての大きな課題となったのである。

この時、日露戦争においては台湾総督の職にとどまりながら、参謀次長さらに満洲軍総参謀長として日本を勝利に導いた児玉源太郎は、大山巌の後を継いで参謀総長に就任し、戦後の満洲経営の指揮官となっていた。満洲にはすでに天皇直属の機関である関東総督府が置かれており、児玉はこの体制の下で軍政を継続するつもりでいた。

だが元老伊藤博文らは軍政を継続することに反対であった。そこで彼らのリーダーシップにより満洲問題協議会が開催され、軍政を撤廃する方針が決定されたのである。それを受けて関東総督府は廃止され、外務大臣、陸軍大臣、参謀総長らの監督を受ける行政機関としての関東都督府が置かれることになった。その監督の下に満洲経営の中心的機関として創設されたのが南満洲鉄道株式会社、つまり満鉄である。

満鉄の総裁に就任するよう要請されたのは後藤新平であった。だが彼はこれを固辞した。満鉄創立委員長だった児玉が長時間かけて後藤の説得にあたったが、それにも応じなかった。その理由は関東都督府（都督は陸軍大将か中将）の支配下に置かれた満鉄総裁では十分な仕事ができないと考えたからであった。ところがその翌日、児玉が脳溢血で急死したのである。まだ五四歳だった。この思いがけない事態に、後藤は前日に就任要請を断ったことを悔い、ついに児玉の遺志に沿って満鉄総裁を引き受けることにした。一九〇六（明治三九）年七月のことである。

こうして後藤は満鉄総裁となったが、その際、関東都督府顧問を兼務することを西園寺公望首相に認めさせた。台湾総督府顧問も兼務した。こうして児玉亡き後、後藤は台湾だけでなく満洲を含めた日本の植民政策推進に重要な役割を演じるのである。

満洲の農業振興と新渡戸の中国観

児玉が亡くなる数ヶ月前の一九〇六（明治三九）年、京都帝大教授の新渡戸は、児玉台湾総督や後藤民政長官の意を受けて清国に出張し、満洲の奉天も訪れた。児玉総督は奉天総督の趙爾巽に対して満洲の農業開発のために農事試験場をつくることを勧めていて、その具体的な方策や人選については新渡戸に任された。そこで、新渡戸は趙爾巽の招きにより、札幌農学校の後輩で台湾総督府殖産課長をしていた横山壮次郎を伴って奉天を訪れて、横山を新しい農事試験場の場長に推薦したのである。横山はその後奉天に設置された東三省農業試験場長となり、札幌農学校の後輩たちを技師として招いて満洲農業の振興に尽くした。こうして札幌農学校の卒業生は、台湾だけでなく、満洲の農業開発にも大きく貢献することになった。

なお、この時の清国視察の感想が二篇、『随想録』に収録されている。一つは「大帝国の墟址」と題したもので、その中では「予は今過去の栄華の残屑裏に立つ。そばには王者の宮殿退廃して累々たり」「この国の政府は腐敗その極に達す。されど人民には生々たる熱火あり。絶大の活気あり」「治者と被治者とほとんど融和することなく、あたかも水と油」などと記している。もう一つは「支那は孔子の賜乎」と題したもので、そこでは「これ果たして孔孟の国なるか」「この国、この民は果たして、孔教の産物なるか」と述べ、孔子の教えが現実には実行されていないことを慨嘆している。いずれも短い文章ではあるが、当時、つまり清朝末期の新渡戸の中国観を垣間見ることができる。

新渡戸は、その五年後に日米交換教授としてアメリカに滞在中、辛亥革命の最中に米国の雑誌に求められて「中国は共和国になれるか」と題する論文を寄稿している。その中では、中国には有能な指導者が欠如していること、民衆が民主政治にふさわしい訓練を受けていないこと、中国が大きすぎて国民統一が難しいこと、選挙に必要な人口調査が困難であることなどの点を挙げて、中国が共和国となる可能性について危惧の念を表明した。そして「革命は武力によって共和国を建てることには成功しようが、そういう共和国は短命に終わりはしまいかとおそれる」と述べている。その後の事態の推移はこれらの懸念を裏書きするものとなった。

ちなみに、こうした新渡戸の中国観は、その数年後、渋沢栄一が辛亥革命後の一九一四（大正三）年に中国を訪問した折の感想とも付合する。渋沢は幼い頃から『論語』に親しんでいたこともあり、この時の中国訪問に対する期待は大きかった。ところが、実際に来てみると、論語の本場に来たのに自分のほうが論語を講じなければならないこともしばしばであった。彼の目には、中国には上流社会と下流社会はあるが中流社会が存在しないこと、および個人主義・利己主義が発達して国家的観念に乏しいことが、中国の大きな欠点であると映った。つまりは公の観念に乏しいということである。この点は今でも中国と日本の大きな相違点と言っていい。

新渡戸の朝鮮観

清国出張から半年後、新渡戸は京都帝国大学法科大学教授を辞めて第一高等学校校長に就任した。それに伴い東京帝国大学農科大学教授をも兼任し、植民研究の材料を得るため、韓国にも一ヶ月間出張している。

この時の印象を彼は『随想録』の中に記している。一つは、「亡国」と題したもので、「山稜は赤裸々たり、森林は荒れて、昔は緑に蔽われたりける巖石を露出す。田はやせて今は田男が鋤犂の勤労に報ゆるに豊かならず」と記して、荒廃した光景を嘆じた。さらに、「枯死国朝鮮」と題して、「この人民にはアルカディア的質僕あれども、さりとて原始的人民の精力あるを示さず。……韓人生活の習風は、死の習風なり。彼らは民族的生活の期限をおわりつつあり。彼らが国民的生活の進路はほとんど過ぎたり。死はすなわちこの半島を支配す」と述べて、朝鮮人の生気の乏しさを憂いている。

そこに見られるのは、一八七六（明治九）年の日朝修好条規で独立を認められたにもかかわらず近代化が進まなかった朝鮮の現状に対する落胆と失望である。それでも彼は希望を捨ててはいなかった。朝鮮再生のためには農業の振興が必須であると考えていた。もちろん農業だけでは国は発展しない。商工業が不可欠だ。だから台湾ではサトウキビの栽培を改良して増産を図るだけでなく、加工技術も改良して製糖産業を発展させた。しかし、『農業本論』でも述べているように、農業なしに商工業だけで国として永続したという事例は見当たらないのである。したがって朝鮮にも農業の振興が必要だというのが新渡戸の持論であった。

韓国滞在中の新渡戸は、初代韓国統監としてソウルに赴任していた伊藤博文とも会談した。当時の伊藤は、朝鮮の植民地化には反対であり、もちろん併合にも反対だった。このときも新渡戸に対して、「朝鮮は朝鮮人のものだ。朝鮮に内地人を移すという議論もあるようだが、自分は反対だ。朝鮮人が才能において劣ることはない」と持論を展開した。これに対して新渡戸は、「才能では劣るところはなくとも、国を開き産業を増進するには数において不足しているのではないか」と述べ、ビスマルクの内国植民政策を紹介しながら、「日本農民を朝鮮の村々に定住させ、よりよい耕作の手本とする計画を採用するよう」進言したが、伊藤は聴く耳を持たなかった。

３　日本の植民学の学統

東京帝大植民政策講座の初代教授に就任

一九〇九（明治四二）年、東京帝国大学法科大学に経済学科が新設され、そこに日本ではじめての「殖民政策」講座が設けられることになった。この講座は三年前に急逝した児玉源太郎を記念して設けられたもので、そのための寄付金集めに奔走したのは、児玉の遺志により満鉄初代総裁に就任した後藤新平であった。

その初代教授に迎えられたのが一高校長と東京帝大農科大学教授を兼務していた新渡戸である。もちろん後藤の強い推薦によるものだった。

その後一九一三（大正二）年には一高校長を辞任し、東京帝大法科大学の専任教授として経済史と植民政策を担当することになった。その直後にはアメリカの植民地支配下にあったフィリピンを視察している。

こうして新渡戸は、日露戦争終了後から第一次世界大戦が終わるまでの十数年間、学問的研究の主たる対象を植民政策に向けることになった。年齢的には四〇代前半から五〇代後半までの時期である。当時の日本はすでに台湾の経営に大きな成果を挙げ、さらに朝鮮、樺太、満洲、南洋諸島にまで植民活動を広げつつあった。それだけに植民政策の重要性も増しており、その研究成果には政府はじめ各方面からの強い期待が寄せられていた。

ちなみに南洋というと、南に広がる太平洋を想像する人もいるかもしれないが、そうではなく、ここでは東南アジア、すなわちアジア南東部のインドシナ半島とマレー諸島からなる地域を指す言葉として用いられている。

一九一六(大正五)年になると南洋定期航路も開かれた。このとき台湾総督府はその処女航海として南洋視察団を派遣した。視察団の団長は新渡戸が務め、下村宏民政長官はじめ、議員、華族、学者、実業家などの著名人が参加して、フィリピン、ボルネオ、セレベス、ジャワ、シンガポール、スマトラ、香港など、アメリカ、イギリスおよびオランダの植民地を視察してきた。船内では毎晩新渡戸の講話があり、寄港地では現地の人たちとの親善交流を図りながら、各地の農業事情を視察した。

新渡戸はこの調査をもとに南洋植民の重要性について『実業之日本』、『台湾時報』、『国家学会雑誌』などに論文を寄稿した。当時は南洋のことはほとんど知られていなかっただけに、南洋の将来については関係者の期待も大きかった。

なお、この南洋視察においては、至る所で現地の人たちから、アジアはアジア人が治めた方が良いといって、欧米の宗主国に代わって日本が出てくることを期待する声を聞かされた。しかし、視察団の中にもそれを真に受けて、この機を逃すべきではないなどと言い出す者もいた。しかし、世界各地の植民地を見てきた新渡戸は植民地統治の難しさを知っていたので、そうした考えを真っ向から否定し、このようなお世辞半分の現地人の口車に乗せられるのは軽率の至りであるとして、厳しく戒めている。彼の考え方の基本にあるのは、国威発揚に必要なのは、領土の拡張ではなく、商業の発展であるという信念であった。そのため「領土権よりは商権の拡張」を図るべきだと主張したのである。

植民学の学統

新渡戸は日本における農政学と農業経済学の草分けであり、植民政策の第一人者であった。その地位は東京帝大法科大学の「殖民政策」講座の初代教授に就任したことで不動のものとなった。しかし、日本で最初に植民に関する学問を正課として取り入れたのは東京帝大ではなく、札幌農学校である。

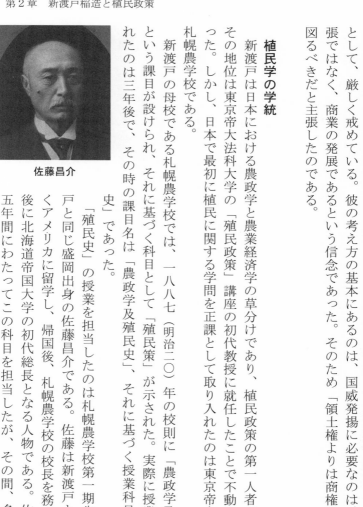

新渡戸の母校である札幌農学校では、一八八七（明治二〇）年の校則に「農政学及殖民策」という課目が設けられ、それに基づく科目として「殖民策」が示された。実際に授業が開講されたのは三年後で、その時の課目名は「農政学及殖民史」、それに基づく授業科目は「殖民史」であった。

佐藤昌介

「殖民史」の授業を担当したのは札幌農学校第一期生で、新渡戸と同じ盛岡出身の佐藤昌介である。佐藤は新渡戸より一年早くアメリカに留学し、帰国後、札幌農学校の校長を務めていた。後に北海道帝国大学の初代総長となる人物である。佐藤は約一五年間にわたってこの科目を担当したが、その間、多忙な佐藤に代わって、アメリカ・ドイツへの留学から戻って教授を務めていた新渡戸が「殖民史」を担当したこともある。一九〇五(明治三八)年からは、新渡戸の愛弟子でドイツ留学を終えて帰国した高岡熊雄が「殖民論」を担当した。

その後札幌農学校は、一九〇七(明治四〇)年に東北帝大農科大学に昇格し、同時に新たに「農政学殖民学」講座が設置されることになった。東京帝大に植民政策講座が設置される二年前で、これが官立大学における最初の植民学に関する「講座」となった。この講座を担当したのは高岡熊雄である。当初、高岡はじめ大学側は「殖民政策」の名称を考えていたが、文部省の判断で「殖民学」となったのであった。これに対して新渡戸は、一九一〇(明治四三)年の植民学会設立の講演の中で、「植民学という独立した学問はまだ存在しないと思う。したがって、この植民学会は、植民学の会ではなく、植民の学会というべきものである」との考えを述べている。

北大人脈の海外雄飛

こうして札幌農学校においては、佐藤昌介や新渡戸稲造の伝統を継承した北大植民学の学統が確立することになった。

この北大学派とでもいうべき植民学は、東京帝大のように本国と植民地との政治的な関係を問題にするのではなく、もっぱら北海道開拓のための農学を中心とした内国植民の性格が強い拓殖学的な植民学であった。しかしその後、日本の台湾統治や大陸進出の進展に伴って、こうした拓殖学的な植民学の需要が高まることになる。その結果、多くの北大生が、クラーク博士の残した「ボーイズ・ビー・アンビシャス」の言葉を胸に、崇高な志と使命感に燃えて海外に雄飛していった。

台湾においては、新渡戸が台湾総督府に勤務する前から札幌農学校の卒業生が活躍していた。その後も一九一八（大正七）年には、新渡戸の薫陶を受け母校の教授となっていた大島金太郎が台湾総督府技師兼北海道帝大農学部教授に任ぜられ、台湾総督府農林専門学校校長、台湾総督府中央研究所農業部長、台北帝大初代理農学部長などの要職に就くようになると、彼の指導の下、北大から多くの卒業生が台湾に渡って、教職あるいは農業行政に従事するようになった。大島は高岡の二年先輩であり、学生時代は新渡戸の家に世話になりながら札幌農学校に通い、新渡戸の感化を強く受けて育った熱帯農学の第一人者であった。

新渡戸は満洲経営には直接には関わらなかったが、東三省農事試験場や満鉄の農業施設などの開設を通じて、満洲においても北大卒の農業技術者が活躍する場が広がっていった。後の満洲国の建設に参加する卒業生も多くなった。中でも異彩を放ったのは、「満洲大豆論」と題する卒業論文で一躍その名を知られるようになった駒井徳三である。彼は日本と支那の共存共栄という理想に燃えて札幌農学校（当時は東北帝大農科大学）に進学し、高岡熊雄の門下生となって卒業後は満鉄に就職した。その後、紆余曲折を経て満洲事変が起きると、関東軍顧問として満洲国の建国工作に参加し、満洲国成立後は初代国務院総務長官に就任したが、満洲国承認後に辞任し、満洲国参議となった。官職を退いた後は宝塚で私塾を設立し、大陸を志して中国の発展に生涯を捧げる人材の育成に努めた。

東京帝大の植民政策研究

この北大植民学に対して、アカデミズムの頂点にある東京帝大法科大学に設けられた「殖民政策」講座は、同じように札幌農学校を源流としながらも、それとは性格を異にしていた。東京帝大の場合は、北大のような農業技術系の拓殖学的な植民学ではなく、本来の意味での、つまり「国家が新領土においてその目的を達するための方法」としての植民政策に関する、より理論的で研究志向の強い学問として発展していった。その結果、国の政策に対する批判的な見方も出てくることになる。その傾向は、新渡戸の後継者である矢内原忠雄において特に顕著になった。

新渡戸は、一九一九（大正八）年三月、拓殖大学学長に就任した後藤新平に随行して第一次世界大戦後の欧米視察に出かけたが、ヨーロッパ滞在中に国際連盟の発足が決まり、新渡戸がその初代事務次長に就任することになって、そのままロンドンで仕事を開始した。

4　海外雄飛の勧め

東洋協会植民専門学校の学監

東京帝大で植民政策の担当教授となった新渡戸は、そのかたわら一九一七（大正六）年に東洋協会植民専門学校の学監に就任した。現在の拓殖大学である。両者の接点は言うまでもなく台湾にあった。

台湾の経営は日本が経験する初めての植民地経営であった。そこで日本は西洋の列強諸国の目を意識し、自分たちも立派な植民地経営ができることを示そうと意気込みを燃やし、台湾に関する研究調査や台湾経営に貢献することを目的とする台湾協会という民間組織を東京に設立した。初代会頭に就任したのは、当時第二代台湾総督を辞して陸軍大臣の要職にあった桂太郎である。

その台湾協会が、台湾や中国大陸で活躍できる人材を養成するために一九〇〇（明治三三）年に設置したのが台湾協会学校であった。台湾協会学校の目的は、「台湾及南清地方に於て公私の業務に従事するに必要なる学術を授くる」こととされ、桂太郎が自ら初代校長に就任して学校の充実発展に尽力した。当時ほとんどの学校が西洋の学問、すなわち洋学を教える学校であった時代に、台湾協会学校だけはアジアの言語、アジアの現地事情を教授したのであり、その点で他に例を見ないユニークな学校であった。後に第三代学長となる後藤新平は、当時は台湾総督府民政長官として、台湾協会学校に補助金を出すなどの支援を行っていた。

桂　太郎

日露戦争後の一九〇七（明治四〇）年、台湾協会はその事業範囲を台湾だけでなく朝鮮半島、満洲、中国にまで拡大し、名称も東洋協会と改めた。その間に、台湾協会学校の名称も、台湾協会専門学校、東洋協会専門学校、さらに東洋協会植民専門学校へと変わっていった。拓殖大学となるのは、後述するように一九一八（大正七）年のことである。

「島国根性を捨てて、世界的精神を養え」

新渡戸と台湾協会学校の関わりは古く、台湾総督府時代にも、台湾協会学校の第一期生たちに「島国根性、四畳半根性を捨てて、海外思想を養うべし」と説いていた。

島国根性とは、四畳半のような狭いところでは天下をとったような立派な議論をしても、広い座敷に出ると自分の意見を十分に伝えられない人のことで、そういう人は議論も四畳半、思想も四畳半、そのくせ、外国人に悪く言われるとすぐに腹を立てる。それではダメだと新渡戸は言い、「知識を海外に求める以上は、批評も海外に求めて、悪いところは喜んで直していかなければならない。それが海外思想を養うということだ」と説いたのである。そのうえで彼は「自分は日本人の前では日本人を悪く言うが、外国人の前では日本人を弁護している」と述べている。

その後新渡戸は台湾協会学校の第一回卒業式にも来賓として出席している。卒業生のなかにはもちろん総督府に採用された者もいた。また、東洋協会専門学校となってからも、科外講義として行われた植民講話において、「大和民族の発展」と題する講演を行っている。

この講演の中で新渡戸は、日本はかつて鎖国政策をとって国民の海外渡航を禁じ国内に押し込めた結果、今でも海外に対して冷淡な国民となったが、これからは「いわゆる島国根性を捨てて、世界的精神を養い、常に洋々たる大海を眺め、もって一大発展を試みなければならない」と述べた。

そのうえで彼は、国家が先頭に立って植民を進めようとしてもうまくいかない。先進国の例を見ても、第一に、国家が新しい植民地を獲得する前には必ず民間の有志が植民に熱心に努力しており、第二に、商人の代わりに宣教師が現地の事情を調査してその報告をもとに重要な決定をしており、第三に、学者が先覚者としての重要な役割を果たしている。つまり、いろいろな立場の人たちの協力がなければ、植民は成功しないということを強調した。

さらに植民事業は国家や会社といった団体の力を必要とすることが多いことを認めたうえで、それでも「個人が各自になすところの事業を軽視することはできない」と述べ、「日本人が外国に出る場合も、政府や会社の力を借りずに各自が雄飛する勇気と忍耐をもつことが望ましく、たとえ政府や会社の力を借りるにしても、それを支える個人個人の強い決心がなければ決して目的は達成できない」として、個人の果たすべき役割を強調している。

そのために個人として心がけなければならないこととして、新渡戸は次の四点を挙げている。第一に身体の健康、第二に強固な意志が必要であり、第三には英米人のように「独りを楽しむ風」を養うことである。個人主義の発達したイギリス人などは一人でいることを楽しむ風をもっているが、日本人はすぐに群れて徒党を組んでしまい、一人になると弱い。「海外に発展しようとするものは、この独りを楽しむ風を養いたい」というのである。そして第四に、だからといって絶対に同胞と交わるなという趣旨ではなく、他人と交わるならば「ソシアリティを発展し、高尚なる友誼によって交わりを厚くしたい」と述べて、付き合う友を選ぶことが大事であると説いた。高尚なる友誼とは、互いの人格を高め合うような付き合いという意味である。

新渡戸は、その後も、東洋協会専門学校高砂寮の台湾人学生に対して、自分が後藤新平の要請で台湾行を受け入れるにいたった経緯を話したり、法律万能の風潮のなかで「サイエンス」の重要性を唱えて、「農業の生産性をあげることが人間を幸せにする道」であると説いたりもしていた。

「歴史談、修養談、植民談」

その新渡戸が拓殖大学の第二代学監に就任したのである。これも後藤新平の強い推薦によるものであった。新渡戸は、毎週一回、茗荷谷にあった恩賜記念講堂で講義をし、その内容は「歴史談から、修養談、植民談に及んだ」という。

新渡戸が学監に就任して二年目の一九一八（大正七）年、東洋協会植民専門学校は修業年限をそれまでの三年から一年延長して、予科一年、本科三年の計四年とし、名称を拓殖大学と改めた。

大学の目的も「殖民、貿易、法律、経済に関する学術及語学を教授し、台湾、朝鮮及支那、南洋等に於て公私の業務に従事する者を養成する」こととされた。ここで注目すべきは、新たに「南洋」という言葉が明記されたことである。当時、日本の植民活動は、台湾だけでなく、朝鮮、樺太、満洲、南洋諸島にまで広がりつつあった。南洋定期航路が開かれ、台湾総督府がその処女航海として新渡戸を団長とする南洋視察団を派遣したことは前にも述べたが、それだけに熱帯地方で活躍する人材の養成が急がれていたのである。

「個人として強かれ」

学監として最初の学生を送り出した一九一八（大正七）年三月の卒業式で、新渡戸は七二名の卒業生を前に「個人として強かれ」という訓示を与えた。

この意味について新渡戸は次のように説明している。

「世の中に出るとなるべく世の中の風に従わなければならぬ。植民地に行ったならば、植民地の風俗にも従わなければならぬ。郷に入れば郷の風俗習慣を守るのはこれは至当である。けれどもその中に自らその意味において周囲に反抗するという決心を持たなければ、諸君の目的を達することができないだろうと思う。又本校の教育が水泡に帰するわけである」

そして、この「周囲に反抗する」ということについて、彼は、「郷に入れば郷に従うといって、物質的に対しては悪いことはなかろう。食物とか衣物とかいうものについては、風俗に応ずるということは大した過ちはなかろうが、思想については決してこれは低める必要はない。むしろ思想は、境遇に反抗する気がなければならぬ」と述べ、その意味は、たとえば、植民地には乱暴な者や、牛飲馬食、あるいは益徳の法則を無視する者も大勢いるが、それは真似してはいけないということであり、それが「すなわち個人の強いところである」と説明する。

そして最後に、「風俗習慣の良いところは、あくまでも応ずるがよろしい。堕落した風俗習慣に自らを捧げるという必要はない。必要がないどころではない。排斥するだけの勇気がなければならない。そういう人物を養うためにこの学校ができているのである」と締めくくったのである。

今から百年以上も前に新渡戸学監が卒業生に与えたこの訓示は、付和雷同を戒めて、自立と自己責任の精神を説いたものとして、現在でも十分に通用する内容を備えている。新渡戸が拓殖大学の卒業式で訓示を与えたのはこのときだけだった。なぜなら、翌一九一九（大正八）年三月、学長に就任したばかりの後藤新平に随行して欧米視察に出掛け、そのままロンドンに留まって国際連盟事務局の仕事に取り組むことになったからである。

5　新渡戸の植民思想

東京帝大での植民政策講義とは

植民政策の専門家としての新渡戸は、植民についてどのような考えを持っていたのだろうか。彼の東京帝大での植民政策講義内容は没後に弟子の矢内原忠雄によって編纂され、『新渡戸博士植民政策講義及論文集』として刊行されている。それをみると、植民政策とはいっても現実の生々しい問題を正面から取り上げているわけではない。むしろ植民一般論について、多くの学説に基づき具体的に、かつ豊富な歴史的事例をあげながら、幅広い視点から考察を加えているところに特色がある。

新渡戸によれば植民の歴史は古い。人類は古代から周期的に民族移動を経験してきた。ヨーロッパの歴史を見ても、ゲルマン人の民族移動があってローマを滅ぼした。その後十字軍の運動があり、次いでルネサンスが起こった。さらにルネサンスで人の思想が動いて、その結果人が動いて、それが植民となっていった。こうして大発見時代となり、各国が争って領土を拡張しようとするようになった。ところが、その後アメリカが独立すると、ヨーロッパ諸国の植民熱は冷却化してしまう。フランス革命の影響もあって各国とも内政問題に忙殺され、海外発展よりも内政改革を重視する時代が続いたのである。しかし一九世紀後半になって一八七〇年頃からは、再び植民熱が勃興してきた。

新渡戸は、こうした大きな歴史の流れの中で、植民の理由や目的、植民地の種類、植民地獲得の方法、統治の体制、土地問題、原住民政策などについて、古今東西の厖大な事例を引き合いに出しながら説明するのである。

植民とは何か

なぜ植民をするのか。その理由として新渡戸は、歴史的にみれば、次のようなさまざまな原因があったことを紹介している。すなわち、過剰人口の移動、天災地変などによる移民、海外投資、過剰生産物の販路拡大、原料供給源の確保、商業上・軍事上の拠点の確保、民族精神の拡張、自国文化の普及、宗教伝道による教化、帝国主義的思想などである。しかし、一九世紀後半からの植民熱の高まりについては、交通機関の発達、人口の増加、資本の蓄積等の経済的理由が大きく、とりわけ資本投資が植民を促す一大原因となっていると指摘する。

そもそも植民という言葉は、新渡戸によれば、ヨーロッパ語のコロニーの翻訳語として日本が新しく造った用語である。最初は「殖民」と言っていたが、一九一〇年代になって「植民」という言葉が用いられるようになった。ただし当時の公用語としては「拓殖」という言葉が用いられていたという。

では植民とは何か。植民の定義については、最も広義には、領土とは関係なく、たとえば横浜の西洋人コロニーといったように、ある民族が移り住んでいる場所を指すこともある。逆に最も狭義には、新領土の中で本国の人間が定住する場所だけを指すこともある。これに対して新渡戸は、その中間の立場をとって、「植民地とは新領土なり」と定義し、「植民とは国民の一部が故国より新領土に移住することである」と解釈していた。

この立場に立つと、植民政策とは、「国家が植民の目的を遂行するための方法」あるいは

「新領土において国家がその目的を達するための政策」ということになる。したがって植民政策の研究には、各国の植民地の比較研究が必要となってくる、というのが彼の考えであった。

新渡戸は植民地主義者か？

新渡戸は植民を決してマイナスイメージでとらえてはいない。むしろ社会進化論の立場から、未開の人々を教導し、開化した社会に引き上げていくことが先進文明国の義務であると考えていた。彼は、イギリスのソールズベリー首相が「膨張的国民は生きる国、非膨張的国民は死ぬる国である」と言ったことを紹介しながら、それは真理であろうと述べている。そして彼自身も、「膨張的国家は必ず植民地を持つ。植民地獲得の利益より見ても、病的とは言い得ないであろう。むしろ国民発展の論理的結果と言うべきものであろう」と説明している。

このような言い方をすると、新渡戸は植民地主義者だったのかと思う人もいるかもしれない。しかし、歴史的にみれば、かつては植民地を持つこと自体、悪いことではなかった。力のある大国が植民地を経営して、それによって経済的な利益を上げ、本国の発展に結びつけるということが当たり前のこととして行われていた。したがって、新渡戸のこのような考え方は、当時としてはごく一般的な考え方でもあった。それをもって新渡戸を植民地主義者とか帝国主義者とみなすのは適切とは言えないだろう。植民地支配は過去の歴史における国際関係の一形態として理解すべきものであって、それを単純に現在の価値観に基づいて評価してはいけないのである。

「原住民の利益を重んずべし」

新渡戸は植民が重要であると考えてはいたが、その難しさもよくわかっていた。なぜ難しいのか。それは、たとえその地域が植民によって豊かになったとしても、そこの住民たちは決して喜んで他国に支配されているわけではないからである。したがって、そのような視点に立つと、植民国家がどのような目的や方法で植民地を統治するかということが、極めて重要な問題となってくる。

では植民の目的は何か。この点については、新渡戸はさまざまな側面があることを述べたうえで、究極的には「全地球の人間化（人間の居住地とすること）」をめざすものと捉えていた。言い換えれば、「天賦の能力が異なる民族がお互いに協力することによって地球上の資源を有効に開発・活用し、人類文化を向上させる」ことである。

こうした立場から、新渡戸は、一九一三（大正二）に著した論文「植民の終極目的」において、植民の最終目的は「人間の生存圏を地球規模に拡大し、そこに高い文明を発展させる」ことであり、この目的を実現するには、ヘンリー・ジョージの「土地国有化論」を一歩先に推し進めた「世界土地共有論」が必要になってくると論じた。このことから、新渡戸の植民思想は、究極において、「土地は天から授かったもの」であり、「国籍、人種を問わず、人類のために最もよく利用できる者」に利用させるべきだという考え方に帰着すると言える。

だが現実の問題としては、植民の理由や目的がどうであれ、実際に植民地をどのように統治するかという植民政策の基本姿勢が問われることになる。

この点に関して、新渡戸の個人的な思想がもっとも強く出ているのは、講義の第九章で「植民政策の原理」について述べた部分である。ここで彼は、植民政策の原理は一概には言えないが、強いて一言で言えば、「原住民の利益を重んずべし」ということであろうと述べる。そして、そのために注意すべき点として次の諸点を挙げている。

第一は、原住民の風俗習慣にはみだりに干渉すべきではないということ。これだけのことを学ぶために、各国は多年にわたる苦い経験を必要とした。第二に、いくら母国語を教えてもそれによって原住民の思想が改まることはないこと。第三に、宗教を伝えて本国人と原住民との間の同情の紐帯にしようとするのはよいが、ただし失敗例も多いこと。第四に、原住民を急に国家化しようとしてはいけないこと。第五に、本国人が原住民より実質的に優れていなければ教化はできないことである。

「植民は文明の伝播である」

新渡戸は、大国が植民地を持つのは国民発展の論理的帰結だと捉えていた。当時としてはそれが一般的な認識であった。しかし、彼は、長期的な視点からは、植民地というものを決して正常なものだとは考えていなかった。「国家学が生理学であるとすれば、植民政策は病理学である」と述べ、「植民地は一つの病的状態ではないだろうか。植民地は性質上一時的のものであるまいか」と述べて、植民地支配が永続的なものではないという見方を表明しているのだ。その見方が正しかったことは、その後の歴史が証明している。実際、一九六〇年代になると、世界各地の植民地が宗主国の支配から解放され、独立国となっていった。

では植民の将来については、新渡戸はどのように考えていたのだろうか。講義の最後のほうで、彼は次のような見方を示している。

「国家も二万年後には大いに変化しているであろう。従って植民問題も消滅するであろう。……しかしながら政治的軍事的植民はなくなっても、精神的植民の問題は残るであろう」と述べ、精神的植民とは、「どこの思想がどこを征服するかという問題」であると説明した。

その具体例として彼は、たとえば一九世紀末から二〇世紀初頭にかけてドイツやアメリカが中国に大学などの教育機関をつくったことを指摘する。彼はこれらの事業を、政治目的というよりは「文化的ミッション」、つまり「自国の思想を伝播するため」のものと捉えていた。言い換えれば、「何れの国が東洋の文化に最も貢献するか。何れの国が精神的に東洋を植民地とするかの競争」ということである。

だが現実には、日本ではこうした考え方はなかなか理解されなかった。たとえば日露戦争後、後藤新平は旅順に大学を建てることを計画した。これはまさに精神的植民を目指すものであったが、当時は誰一人としてこの計画に賛成する者はいなかったのである。新渡戸はこの話を紹介しながら、「植民は文明の伝播である」という言葉を学生に贈り、将来への展望を持つことの大切さを教えた。

今日の世界において見られる大国間の競争、特に途上国に対する援助や協力における競争をみても、その背後に経済的要因があることはもちろんだが、それと並んで「自国の文明の伝播」というもうひとつの大きな狙いもあるのだ。

イギリスのブリティッシュ・カウンシルやフランスのアリアンス・フランセーズといった語学学校は、政府主導で自国の言語や文化を広めるために設けられた組織である。二一世紀に入って中国政府が推進している孔子学院も中国語と中国文化を教える学校であり、二〇一九年現在で、世界中ですでに五五〇校を数えている。孔子学院は各国の大学と提携してその中で授業を行っている点に特徴があり、その点でより巧妙な広報外交あるいは情報戦略の一環といえる。こうした活動はいずれも文化的装いのもとに「自国の文明の伝播」を目的とした事業活動であって、新渡戸が指摘した「精神的植民」をめぐる競争にほかならない。

6　日本の植民政策の特徴

植民の動機は安全保障

新渡戸の植民思想を東京帝大における植民政策講義から見てきたが、では実際の日本の植民地統治とはどのようなものだったのか。この点については、新渡戸が一九一九（大正八）年にロンドンの日本協会で行った「日本の植民」と題する講演が参考になる。その中で新渡戸は、日本の植民政策の特徴について次のように説明している。

「国民拡張のさらに直接の理由を調べるならば、それは主として経済的性格のものであることが知られよう。たとえば、資本投下の拡大、移民の拡大、原料供給支配の必要、国内産物のための市場獲得の欲望とかである。これらの理由のどれ一つとして、熱帯の台湾であれ、温帯の朝鮮であれ、亜寒帯のサハリンであれ、近代日本の植民計画に欠けてはいない。しかし、近代日本の植民の初期の形態にあっては、主たる動機は国の安全――すなわち国境防衛、外国の侵入からの安全保障――であった。そしてこの理由はその後の段階にさえずっと現れてきた」

つまり、近代日本にとって植民の主たる動機は国の安全保障であったというのが、新渡戸の基本的な認識であった。

実際、幕末から明治維新にかけて、日本を取り巻く国際情勢は激しく変化していた。イギリスはインド、香港を押さえて中国に進出し、フランスはベトナム、カンボジアから中国に北上してきた。アメリカからはペリー提督が浦賀に来航し、日本に開国を迫った。北方からは以前から日本への接近を試みていたロシアが、やはり同じころプチャーチンを長崎に来航させ、開国を迫ってきた。

中でも日本にとって最大の脅威は、「シベリア草原から南方にじりじりと下りてきて、途上のもの一切を押しつぶしていた」ロシアの勢力であった。そのため北の国境を護ることが最も明白かつ緊急な課題となっていた。そこで、一八七〇年代に、それまで久しく放置されていた北海道の植民がはじまったのである。

ただし、台湾については少し事情が異なる。日本が台湾を獲得したのは、新渡戸によると「主として他に得るものがないという理由」からであった。実際、中国は台湾を手放したがっていたし、日本もはじめのうちは原住民の鎮圧に苦労して、一時は売却が論じられたことすらあったのである。このように台湾は、「当初たいして経済的価値は付与されず、またそれはわが領土防衛のために不可欠とも考えられなかった。しかし、のちにロシアとの戦争の際、その戦略上の重要性はきわめて大きいことがわかった」のである。

これに対して対朝鮮政策においては、次に述べるように、初めからロシアの脅威にどう対処するかという安全保障上の配慮が強く働いていた。

対朝鮮政策とロシアの脅威

北東アジアの地図を見るとよくわかるが、朝鮮半島は日本海に突出したピンのような形をしている。これに対して日本列島は南北に細長く、海岸の多くは海浜で上陸に適しているうえ、陸地が狭隘なため部隊の運用も容易ではなく、敵が上陸したあとの迎撃は不可能に近い。したがって国土を防衛するには、洋上で敵の艦隊を撃滅するか、海峡の向こう側の大陸で敵を撃退するしかない。したがって、もしも朝鮮半島が日本に敵対する国の支配下に置かれるならば、たちまち日本の安全が脅かされてしまうことになる。

当時の李氏朝鮮は近代的な意味での独立国ではなかった。中国に朝貢して忠誠を誓い、その見返りとして中国皇帝から冊封という形で認知され、庇護を得ていたのであり、中国の属国であった。日本はアジアでこのような華夷秩序に組み込まれなかった唯一の国である。

明治政府の最大の課題は、列強のアジア進出に対抗して自国の独立を維持することだった。その観点から、朝鮮には列強の進出に対する緩衝地帯としての役割を期待し、そのため朝鮮を清国から切り離して独立させる必要があると考えていた。清国を相手に日清戦争を戦ったのも、朝鮮の独立を確保するためであった。

新渡戸は前述のロンドンでの講演において次のように述べている。少し長いが、日本外交の基本となる重要な視点なので、そのまま引用することにしたい。

「過去における朝鮮の政治的独立となると、朝鮮がどれほど独立を享受したかには重大な疑いがある。何世紀もの間朝鮮は、潜在的に中国の宗主権下にあり、北京に貢を納めて、中国の使節を君主からの使いとして受けいれていた。……朝鮮が強力かつ良く治まった真の独立国であるかぎり、それは緩衝国といえようけれど、その国があるいは中国の勢力下に、あるいはロシアの勢力下に揺れるとなると、極東には平和の保障はありえないし、日本にとって安全はない。……かりにベルギーが弱い優柔不断な国で、いつでもドイツの影響下に落ちるとすると、ヨーロッパの平和にとって、また英本国の安全にとってどんな保証があろうか。朝鮮が、ベルギーくらい強力かつ秩序良好であったらと願う。というのも、もしそうだったら三国（中国、ロシア、日本）が朝鮮を食い物にする必要もなく、日本が朝鮮を併合する必要もおよそなかったであろうからである。ここで再び言うが、朝鮮がわが統治下に入ったのは、自己保全の条件としてであった。……どの国民であれ、隣国に及ぼす結果を顧慮もせず、したい放題に振る舞う権利があるとは思わない。秩序を保てない国が絶対的独立の権利をほとんどもたないのは、力だけをもっている国に、他国を征服する権利がほとんどないのと同じである」

実際、明治政府の外交政策は、新渡戸が述べているように必然的に朝鮮の安全確保を軸に展開されることになった。こうした戦略的な視点を見失ってしまうと、その後の日本の外交はまったく理解できなくなる。

台湾統治の五つの基本原則

新渡戸は植民政策の原理として「原住民の利益を重んずべし」という考え方を打ち出した。

ではこの点において、日本の植民政策は実際にはどのようなものだったのか。果たして彼が説いたような指導原理に基づくものだったのか。それとも相反するものだったのか。

まず台湾を見てみよう。台湾は日本にとって初めての植民地であった。したがって、当時の指導者たちは、西欧列強だけでなく自分たちも立派な植民地経営ができることを示そうと意気込んだ。だが、当時の台湾は、匪賊が横行して治安が悪く、コレラ・ペスト・チフス・赤痢・マラリアが蔓延し、阿片吸引者も多く、産業も未開発状態だった。また、さまざまな民族が割拠・対立していて、共通の言語も存在していなかった。

そのような現実を前にして日本が台湾統治において重視したのは、次の五つの基本原則である。第一は島を防衛すること、第二は生命財産を守る法律制度を普及すること、第三は健康と衛生のための手段を開始すること、第四は産業と交通機関を発達させること、第五は原住民に教育を施すことである。

その際、後藤民政長官は、日本の内地における法律をそのまま台湾に持ち込もうとする官僚たちを抑えて、まず調査機関を設けてこれまでの現地の慣習を調査し、その結果に基づいて植民地政策を樹立することにした。これが旧慣調査である。慣習を重んじなければならないという後藤の主張は、「生物学の法則」からきているのだと本人はいう。その意味は、ヒラメの目が片側に寄っているのはおかしいからといってタイの目と同じようにしようと思っても、生物の長い間の進化の過程でそうなっているのだから、変えるわけにはいかないということである。いかにも医師らしい発想である。

後藤はこの原理に従って、中央研究所を設立して土地や人口の調査を行い、これらの研究をもとに台湾統治の法制を整備し、政策を練った。日本で第一回の国勢調査が行われたのは一九二〇（大正九）年のことだが、台湾においてはそれより一五年も早くに実施されたのである。

後藤はまた、それまで外国人商人の利権に結びついていた阿片、樟脳、食塩を専売化し、そこからの収益金をこうしたインフラ整備に必要な経費に充てることも行なった。

こうして当初「化外の地」といわれていた台湾においては、児玉総督と後藤民政長官の指導力のもとで教育、公衆衛生、交通運輸、水利灌漑などの社会基盤が整備され、その後の産業発展のレールが敷かれた。

こうして多くの関係者の並々ならぬ努力の結果、台湾経済は大きく発展し、一九〇五（明治三八）年度からは台湾総督府特別会計に対する本国からの補助金を辞退し、財政独立を実現することができた。その後の台湾は、児玉総督と後藤民政長官の二人が八年間にわたって築いた基盤のうえに発展を続けたのである。

台湾発展の具体例

台湾統治の具体的な成果を例示すれば、教育面では、国語学校（後の師範学校、日本人も受け入れるが台湾人が圧倒的に多い）、国語伝習所（後の公学校、台湾人のための日本語学校）などの学校が創設され、その後も各地で中学校、高等女学校、職業学校などが建設されていった。

日本語教育を重視したのは現地の言語文化を剥奪するためではない。多民族社会の台湾には共通語に相当する言語がなかったため、そのどれでもない日本語を共通語にするのが最も公平かつ現実的な選択肢だと考えられたのである。こうした教育を支えたのは本国から派遣された教師たちの献身的な努力だった。

総督府の発足とともに民政局学務部長となった伊沢修二は、まず芝山巖学堂という最初の小学校を開設した。そこに六名の教師が派遣されて日本語の授業が始まったが、半年後、土匪の襲撃を受けて全員が落命するという痛ましい事件が起きてしまう。しかしそれにも関わらず、その後も使命感に燃えた多くの優れた教育者が「六氏先生に続け」とばかりに台湾に渡り、台湾の教育発展に貢献したのである。

その後の台湾における教育の普及は著しく、一九四三(昭和一八)年には義務教育制が導入され、一九四四(昭和一九)年度の児童の就学率は九二・五%に達している。もちろん日本本国に次いでアジア第二の就学率である。日本人教師は使命感が強く、人格的にもすぐれた人物が多かった。そのため彼らは多くの台湾人から敬愛され信頼された。一九二八(昭和三)年には台北に帝国大学が設置されたが、これはその四年前に設置された京城帝国大学に次ぐもので、大阪帝国大学や名古屋帝国大学が設置される前のことである。

公衆衛生面では、台湾医学校を開校して医師を養成するとともに、各地に病院が建設された。交通面では、北部の基隆港と南部の高雄港が増改築されて海上交通が向上し、さらに基隆と高雄を結ぶ台湾縦貫鉄道が敷設されて、陸上交通輸送力が増加した。農業振興においては、貯水池や灌漑用河川の整備により耕地面積が拡大し、農業生産が飛躍的に高まった。阿里山森林の開発も進められた。新渡戸の尽力により伝統的な輸出産業である製糖業の近代化も図られた。

今でも台湾の人たちから慕われ感謝されている日本人の一人に、東京帝国大学工科大学土木科を卒業して台湾総督府の技師となった八田與一がいる。彼は台湾中南部に当時東洋一といわれた巨大ダムを一〇年の歳月をかけて建設した。この烏山頭ダムの完成によりそれまで不毛の荒野だった嘉南平野が豊かな農地に生まれ変わり、台湾の農民に計り知れない恩恵をもたらすことになった。

一九三五（昭和一〇）年、総督府は「台湾始政四〇周年記念大博覧会」を台北で開催したが、このとき中華民国国民党政権は福建省と廈門市の幹部を中心とする視察団を派遣して、日本統治下の台湾施政を視察させた。帰国後の一九三七（昭和一二）年に刊行された「台湾考察報告」は日本の台湾統治に対して、「他山の石」「日本人にできて中国人になぜできないのか」「わずか四〇年の経営で、台湾と中国の格差は驚くばかり」と評して最大級の賛辞を贈っている。

日本の台湾統治に批判的だった矢内原忠雄ですら、「台湾のごときは本国財政及経済にとり最も価値多き植民地」であると評価していた。

「内地延長主義」

もちろん台湾統治についても、まったく問題がなかったというわけではない。現に一九三〇（昭和五）年には霧社事件が起こっている。これは能高郡霧社の原住民が蜂起して約一四〇人の日本人が殺された事件で、日本は軍隊を出動させてこれを鎮圧した。この事件について新渡戸は、児玉総督のあと第五代総督となった佐久間左馬太陸軍大将があまりに厳格な原住民政策を推し進めたため、原住民の間に恨みの感情が高まっていったことが、ひとつの要因となったと指摘している。

しかし、こうした事件があったとはいえ、客観的に見れば、日本の台湾統治は台湾の近代化を実現し、人々に安全な環境と豊かな生活をもたらしたことは間違いない。

台湾統治でもう一つ特筆すべきことは、日本は台湾住民に国籍を選択させたことだ。下関条約において、条約批准から二年後までに、現地に留まって日本国民となるか、あるいは財産を処分して台湾を退去するか、どちらかを選択できることを定めたのである。これに基づいて最終的に清国の国籍を選択して台湾を離れたのは五〇〇〇人あまりで、全人口の一%にも満たなかったが、いずれにせよ彼らは全員、国籍を選択する機会を与えられた。第二次大戦後、蒋介石の国民党支配下において、それまで日本国民だった台湾住民が自動的に中華民国人とされてしまったのとは大違いである。

日本の台湾統治は、西欧列強のように本国を潤すために一方的に搾取したり、武力的威圧をもって統治したりするものではなかった。逆に本国の予算を投入して、現地の文化・社会・教育などの近代化を積極的に進めたのである。このことは朝鮮においても同様である。

こうした取り組みは、基本的には植民地を本国並みに扱おうとする「一視同仁」、あるいは「内地延長主義」の考え方に基づくものである。時には外地優先でさえあった。たとえば先にも述べたが、国内でまだ大阪や名古屋に帝国大学ができる前に、京城帝国大学がソウルに、台北帝国大学が台北に創設されているのだ。その意味でも、「原住民の利益を重んずべし」の原則が尊重されたといえるだろう。

だが、こうした事実は、残念ながら戦後になるとほとんど省みられることなく、忘れられてしまった。そのため、李登輝元総統はじめ、台湾の人たちから教えられてはじめて、台湾における日本統治の実態を知るといった奇妙な現象が起きたのである。

朝鮮統治について伊藤博文に進言

台湾での植民政策が成功したこともあって、新渡戸は、朝鮮についても我が国と民族的に近い関係にあるという理由から、同化はいっそう容易だと考えていた。だが、その後の歴史を見れば、新渡戸の見方はいささか楽観的すぎたようだ。

新渡戸自身は、朝鮮の発展のためには、朝鮮人が高度の自治を発揮できるようにすることが重要だと考えていた。それは容易なことではなかったが、彼は「朝鮮人は為すある国民だと思う。彼らは訓練されれば高度の自治に至ることができる。現在はその修業時代であると思う。われわれが朝鮮で行っていることを彼らに学ばせよう」と述べ、前にも述べたように、一九〇六（明治三九）年に韓国を訪問し、韓国統監の伊藤博文に対して、日本農民を朝鮮の村々に定住させ、よりよい耕作の手本とさせるための植民計画を採用するよう勧めていた。

当時の伊藤は、朝鮮の植民地化には反対であり、新渡戸の進言にも耳を貸そうとしなかった。しかし、やがて伊藤の態度も軟化し、東洋拓殖株式会社による植民を進めようとした桂首相らの主張する日韓併合案を了承することになる。

その後、韓国統監を辞めて枢密院議長となった伊藤は、一九〇九（明治四二）年、ハルビン駅で朝鮮人の安重根に暗殺されてしまうが、翌一九一〇（明治四三）年には日韓併合条約が結ばれた。以後、日本政府は朝鮮を本土と同様の水準に引き上げるため、台湾統治と同様に先の五原則に基づいて多額の国家予算を投じて、鉄道網、電話通信網、学校、大学、図書館、デパート、工場等を設置し、公衆衛生や下水処理の面でも大きな改善をもたらすなど、社会経済基盤の整備に努めた。

その成果の一部について、新渡戸は前述のロンドンでの講演の中で、併合後の朝鮮においては、一九一〇（明治四三）年から一九一五（大正四）年の五年間に、農産高が一・五倍ないし二倍に伸びたこと、鉱業、漁業、製造業も同じ割合で発展したこと、外国貿易は二倍に伸びたこと、鉄道も二倍に延びたこと、学校や病院や銀行も大きな町村のすべてに建てられ、進学率も上昇したことなどの事実を、具体的なデータに基づいて紹介し、その実績を高く評価している。

朝鮮統治の課題と対応

しかしその一方で、新渡戸は、植民行政においてはさまざまな問題が生じており、「絶対的に公平公正であることは極度にむつかしい」とも感じていた。その理由は、日本の軍人や役人の仕事の仕方が、イギリス人などに比べると、「控え目にいっても下手であり、時には熱狂的にすぎることは十分想像できる」からであった。

たしかに朝鮮統治においては、統治の仕方については問題がなかったとは言い切れない。台湾の場合は、児玉総督と後藤民政長官という二人の卓越した指導者の下で、八年間にわたって、現地の慣習を尊重しながら社会経済発展の基盤整備が進められ、原住民重視の政策が実際に行われていた。これに対して、朝鮮においては、寺内正毅大将、長谷川好道大将という武官総督のもとで武断統治が行われ、必ずしも民意を十分に配慮した柔軟な対応がなされなかった。そのことが、一九一九（大正八）年の三・一独立運動にもつながっていった。

長谷川総督は軍を動員してこれを鎮圧したが、犠牲者も多く出した。そこで彼は、この事件から教訓を学んで問題解決に向けた改革案を取りまとめた。それを受けて原敬首相は長谷川総督を更迭し、その後任として原と同じ岩手県出身の海軍大将斎藤実を第三代総督に任命した。

斎藤はそれまでの武断政策から文治政策に切り替えたことで知られる。彼は二回、通算一〇年間にわたって朝鮮総督を務めて、長谷川の改革案をもとに朝鮮人官吏の待遇改善、警察組織の再編、憲兵制度の廃止、教育改革、ハングルの新聞発行の許可、日本人教員・裁判官らの佩刀禁止などを断行し、芸術・文化も奨励した。そのため歴代総督の中でも斎藤だけは朝鮮人のあいだで人望が厚かった。こうした文治政策がとられた結果、それ以後、一九三七（昭和一二）年の支那事変にはじまる戦時体制下に入るまで、朝鮮総督府においては何ら大きな問題はなく、経済面でも毎年一〇％以上の高い成長率を達成していたのである。

日本の朝鮮統治に対する評価

日本の朝鮮統治については、これまでは研究者の間においても、統治下での朝鮮の人々の体験談に基づいて、日本の統治の負の部分に焦点を絞った民族主義史観的で否定的な見解が大勢を占めてきた。しかし、近年は史実に基づいて可能な限り客観的に検証する作業が行われるようになり、その結果、ジョージ・アキタ＆ブランドン・パーマー共著『「日本の朝鮮統治」を検証する』などが指摘するように、日本の朝鮮統治は当時としては極めて現実的で穏便かつ公平なものであり、それが朝鮮の近代化に貢献し、戦後韓国の発展につながったことが明らかになってきた。

戦時体制下で第七代総督となった南次郎は「同化政策」を進めたとして評判が良くないが、実際には彼も教育の普及に努め、総督府の部長職や警察署長職への朝鮮人の任用などにも積極的に取り組んだほか、朝鮮人大衆との接触を深めることにも意を用いていた。

日本の悪政の象徴として語られてきたものに、日本統治期に米の一人当たり消費量が激減したという説がある。しかし、木村光彦『日本統治下の朝鮮　統計と実証研究は何を語るか』によれば、その説というのは戦前に日本人研究者が発表したものだが、その後その根拠とされた総督府の統計に欠陥があることが判明した。そのため、同じ研究者が新しいデータに基づいて算出したところ、米の一人当たり消費量の激減という現象は起きていなかったことが明らかになっている。しかもこのことは戦前においてすでに公表されていた。それにも関わらず、戦後の韓国の歴史教科書はそれらを全く反映することなく、誤ったデータに基づく解釈を記していたのである。

こうした事実を踏まえて、過去の植民統治の仕方を冷静かつ客観的に眺めるならば、一方で、日本の統治の仕方について反省すべき点があったことは率直に認めなければならないとしても、他方で、日本の統治が現地の人々の生活を格段に向上させ、朝鮮が近代国家として発展していく基盤を築くことに大きく貢献したことは間違いない。また、それがロシアの南下を抑え、当時の東アジアの安定と平和に貢献したことも認めなければならない。その意味でも、新渡戸の言う「原住民の利益を重視すること」は、明らかに日本の植民政策の特徴であったといえるだろう。

原住民の利益を重視する思想は、たとえば唱歌の扱い方にも表れている。日本は台湾、朝鮮、満洲で、内地とは違った独自の唱歌もつくっていた。その土地の自然や動植物、名所や旧跡、民族の偉人などが盛り込まれた歌をつくったのである。それを日本人の子弟も現地の子弟も一緒に歌った。ハングルの唱歌までつくっていた。日本への同化が目的であれば、わざわざそのようなことをする必要はない。日本の唱歌をそのまま使えばすむはずである。しかしそれではその土地の生活感覚に合わず、心から歌を楽しむことはできないと考えたのである。

韓国の作家である金完燮は『親日派のための弁明』において、「ヨーロッパ列強にとっての「植民地」が遠く離れたところにある農場を所有するようなものだったとするならば、日本にとっての朝鮮と台湾の統治は、隣の店舗を買いとって店を拡張するような行為だった」という。そして、前者においては現地に一定の投資をして収益をあげることだけに関心をもつだろうが、後者のように「自分の住まいであり、職場でもある商店を経営する貧しい商人が、苦労して隣の店を購入することになったなら、その人は新しく手に入れた店を一生懸命改装し、すでにある店とあわせて相乗効果を得ようとするだろう」という言い方で日本の立場を説明している。

別の比喩を用いるなら、列強にとっての植民地は、卵焼きでいうと目玉焼きの黄身と白身の関係であったのに対して、日本の場合は、黄身と白身が混ざり合ったスクランブルエッグのようなものであったということになる。

今日の途上国に対する国際開発援助の実態をみても、日本の援助は他の国々と比べてもインフラ重視で、人的協力中心である。だから地味で目立たないが、しかし、そうした事業こそが、真に相手国のためになり、原住民の福祉を増進することになるのだ。こうしたやり方は、戦前から一貫して変わらない。そこに見られるのは日本人の「和」を尊ぶ精神である。それは日本の国際協力のＤＮＡと言ってもよいのだ。

7　誰のために統治するのか

「漸進的同化主義」

このように日本の植民地統治は、本国による一方的な搾取を強要するものではなかった点で、西欧列強とは異なっていた。基本的には本国並みに扱おうとする「内地延長主義」であり、それに基づく「同化主義」であった。しかも、同化主義といっても本国の習慣や法律をいきなりそのまま押し付けるといった強硬なものではなく、現地の事情を考慮して柔軟な対応をするものであった。そこに見られるのは、できるだけ現地の人の反発を招かないようにする慎重な配慮であり、「漸進主義」という考え方であった。

この考え方は、台湾においては後藤新平による阿片漸減政策や旧慣調査などにもはっきりと表れている。その後も、例えば徴兵制度については、朝鮮人、台湾人は日本国民でありながら長らく兵役の義務からは除外され、日本軍への参加は志願制度に限定されていた。彼らに日本内地人と同様の兵役義務が課せられるようになったのは、朝鮮人に対しては一九四三（昭和一八）年からであり、台湾人に対しては一九四四（昭和一九）年になってからである。

創氏改名について

民族の姓を奪ったなどと批判される朝鮮人の創氏改名についても誤解が多い。そもそも創氏改名とは何を意味するのか。まずその意味を明らかにしておこう。

朝鮮人には金、李、崔、朴などの「姓」が多いが、これは先祖の姓を引き継ぐもので、夫婦別姓であり、その数は限られている。そのため同姓同名が多くなり、他人と区別するという名前本来の役割も果たしにくい。それでは日常生活においても不便だし、商売にも差し支えるといった問題が現実に生じていた。満洲に移住した朝鮮人たちからは、漢人からの迫害を避けるためにも日本名を名乗り、日本国民であることを明確にしたいという強い要望も出されていた。

こうした状況を踏まえて一九四〇（昭和一五）年から実施されたのが創氏改名である。「氏」とは家族を表す名称で、「名」は個人を表すものである。従って創氏改名とは、全ての朝鮮人に、①「姓」とは別に新たに自己申告によって「氏」を創設させ、②自己申告しない場合は、旧来の「姓」をそのまま新たな「氏」とし、③妻の「氏」は夫の「氏」と同じにし、④「名」は変えなくてもよいが和風に改めたければそれも認める、というものであった。

すなわち、朝鮮人の「姓」を奪ったのではなく、日本の家制度の考え方に基づいて、家を表す「氏」を設けることを義務化したのである。「姓」をそのまま「氏」として使いたい人は何も申告しなければよいのだ。その結果、八割の人は新たな「氏」を使うことになり、二割の人は姓をそのまま氏とすることになった。他方、「名」を変更した人は多くはなかった。

こうして朝鮮人は先祖伝来の「姓名」の他に、新たに「氏名」を持つことになった。ただし「姓名」が抹消されたわけではなく、戸籍に残されている。また旧来の「姓名」をそのまま「氏名」として用いた人も少なくない。戦後になると、南朝鮮はアメリカ、北朝鮮はソ連の軍政下で、それぞれ創氏改名は無効とされたが、在日韓国人の多くはその後も当時の日本名を使っている。

同様のことが台湾においても実施された。ただし、台湾の場合は、「創氏」ではなく「改姓名」であった。しかも朝鮮のような合邦国ではなく新領土だったこともあり、日常的に日本語を用いていることなど一定の条件を満たした者だけが許可されることになった。そのため申告する人は多くはなく、申告しても簡単には許可されなかった。実際に改姓名をしたのは二%ぐらいに留まっている。

このように朝鮮と台湾とで対応が異なった理由としては、台湾においては、許可制だったことに加えて、自分達の源流である漢文化への誇りもあり、あえて日本式の苗字を名乗る必要性を感じていなかったことが大きい。また朝鮮の場合とは違って「創氏」ではなく「改姓」だったことも申請を躊躇させる要因となったと思われる。これに対して朝鮮では、同じように漢文化の影響を受けながらも、清王朝の時代になると中国の儒教文化の継承者は自分たちであるとの自負心が強く、内心では満洲族が建てた清国を軽蔑し、清国人と一緒にされることを嫌ったものと考えられる。とりわけ満洲に移住した朝鮮人にはそうした意識が強かった。

しかし、その朝鮮においても、上記のように創氏改名をせずに、それまでの中国式の姓名をそのまま氏名として使い続けた人が二割近くは存在するのである。こうした事実を踏まえると、創氏改名は強制的に行われたものとは言い難い。それにもかかわらず、八割以上の人が創氏改名したのは、それだけ多くの人が日本人として扱ってほしいと願っていたからであろう。

実際、当時の朝鮮人の多くは日本の戦争遂行に協力していた。抵抗していたわけではない。一九三八（昭和一三）年に始まった志願兵制度においても、初年度に定員四〇〇人に対して三五〇〇人もの志願者が殺到し、創氏改名が実施された一九四〇（昭和一五）年には定員三〇〇〇人に対して八万四〇〇〇人が志願した。さらに翌年には一四万人、その後も二五万人（定員四〇〇〇人）、三〇万人（定員六〇〇〇〇人）と増えているのである。

誰のための統治か

だが現実には、たとえどのような原則に基づいたとしても、植民政策にはプラス面とマイナス面の両面があることは否定できない。新渡戸もそのことを強く自覚していた。

もちろん彼は一九三三（昭和八）年に没したので、創氏改名をはじめとする戦時体制下における皇民化政策のことは知らない。しかし、一九一〇年代の東京帝大での植民政策講義においては、台湾における自分自身の経験も踏まえて、植民計画で重要なことは次の問いに正しく答えることだと述べている。

その問いとは、「われわれは嫌がっている民衆を、われわれ自身の為に統治しているのか、それとも彼らの為に統治しているのか」ということである。

そして、この問いに対して、新渡戸自身は次のように自分の考えを述べている。

「およそ植民地がインド、エジプト、フィリピン、インドシナ等も除外せずに外国勢力によって統治されるのを全般的に嫌うのは、ほとんど疑いない。植民地政府は被治者の同意を受けてはいない。また、植民勢力は、白人であれ、褐色人であれ、それが託されている民衆の運命を改善するためだけに、犠牲を払って重荷を負うと信じる理由は大してない。植民の歴史は国家の利己主義の歴史である。しかし利己主義すら、人間交際の単純な法則――ギブ・アンド・テイク――に従ってその目的を達しうるのである。相互の利益が原則でなければならない」

台湾と朝鮮の対日感情の違い

だが、それにしても、戦後における台湾と韓国の対日感情には違いがありすぎる。なぜそのような違いがあるのだろうか。

その理由はいろいろあろうが、台湾と韓国とでは、まず過去の歴史的背景の違いが大きい。日本に割譲された当時の台湾は、三〇〇年余りの歴史しかもっていない「化外の地」であったのに対して、朝鮮は長い歴史と伝統文化をもつ文明国であった。そのうえ、朝鮮は儒教の礼に基づいて上下の差別を重んじる国であり、中華思想の華夷秩序を受け入れて清朝を中華とする一方で、自分たちは「小中華」を自任し、日本など周辺国を野蛮な「夷狄」として見下していた。そのため、台湾にとっては日本統治は単に支配者が変わっただけのことだったかもしれないが、朝鮮の場合は、自分たちより下位に見ていた日本に独立を奪われ、その支配下に入ったことで、一層強い屈辱感を味わうことになった。それが儒教文化の伝統としての「恨」の感情にもつながっていったのである。

また、台湾と韓国とでは戦後における外的な要因にも大きな違いがあった。台湾は日本の敗戦後、蒋介石の率いる中華民国国民党政権の支配下に置かれた。ところが、大陸からやってきた官僚たちの私服を肥やす腐敗ぶりは、日本統治下の法治主義に慣れていた台湾人に失望と軽蔑の念を抱かせることになり、そのため戦前の日本統治時代のほうがよかったという感情を定着させることになった。さらに、中国の悪性インフレが台湾にも波及して台湾経済を混乱に陥れ、市民生活を脅かした。そのなかで起こった最も不幸な事件が二・二八事件であった。

一九四七（昭和二二）年二月二七日、密輸タバコ売りの取締りに端を発し、中年の台湾人寡婦が取締員に密輸タバコを没収され、所持金を取り上げられ、頭部を殴打され、血を流して倒れてしまうという事件が発生した。これに憤慨した群衆が取締員を攻撃したところ、取締員は逃げながら発砲し、傍観していた一市民が死亡したのである。翌日、怒った群衆が抗議デモを行ったが、これに対して憲兵が機関銃で掃射し、数十人の死傷者が出るという惨事になったことから、台湾全土に騒動が広がった。

そこで国民党政権は、憲兵二〇〇〇人と陸軍一万一〇〇〇人の増援部隊を基隆と高雄から上陸させて、手当たり次第に台湾人に向けて発砲したため、台湾は生き地獄と化してしまう。こうして台湾人の抵抗は、近代的装備の増援部隊の残虐な無差別殺戮によって二週間で完全に鎮圧され、鎮圧後も密告奨励制度を通じて要注意人物の粛正が行われた。

その結果、一ヶ月間に殺害された台湾人犠牲者の数は、のちの国民党政府の発表によれば二万八〇〇〇人を超えた。民間の調査では五万人ともいわれている。しかも日本教育を受けた知識人を標的にしたため、その後の台湾人社会に指導者の空白を招くことになった。以後、台湾人は政治的沈黙を強いられ、外省人（戦後国民党とともに移住してきた人）と本省人（戦前からの台湾人）の深刻な対立を招くことになる。

この二・二八事件を経て、台湾人の間には、国民党政権や外省人に対する嫌悪感と台湾独立の志向が芽生えた。そのため、一九四九（昭和二四）年から一九八七（昭和六二）年までの三八年間、台湾は戒厳令下に置かれ、国内で許されない政治運動は海外で展開されることになるのである。

朝鮮の反日的歴史観

他方、朝鮮の場合は、日本の敗戦に伴い連合国軍によって、南はアメリカに、北はソ連に分割統治された。その後一九四八（昭和二三）年には、それぞれが独立し、南に大韓民国（韓国）、北には朝鮮民主主義人民共和国（北朝鮮）が建国されたが、一九五〇（昭和二五）年にはソ連軍の支援を受けた北朝鮮軍が南北統一を目指して韓国に侵攻し、朝鮮戦争が勃発した。劣勢に追い込まれた韓国軍は米軍を中心とした国連軍の支援を得て反撃し、三年後、両国は北緯三八度線で南北に分断されたまま休戦協定が結ばれて今日に至っている。

その結果、北は共産主義でまとまったが、南は共産主義以外の全ての主義主張が混在して対立し、国内のまとまりを欠いて、自己のアイデンティティを確立することができなかった。そこに鬱積した不満といらだちが、筋違いではあるが、かつての統治者である日本にぶつけられることになったのであろう。

反日感情の背景には建国をめぐる歴史観の問題も絡んでいる。韓国の憲法前文は、一九一九（大正八）年の三・一運動によって上海にできた大韓民国臨時政府を現在の韓国の前身と位置付けているのだ。自分たちは日本による統治を認めず、ずっと日本と戦い続けてきたとでも言いたいのであろうが、日本人にとってはびっくり仰天の歴史観である。

現実を見れば、この臨時政府なるものは国際的に承認されたものでもないし、彼らは日本と戦争したわけでもない。だから当然のことながら、韓国は第二次世界大戦の参戦国としても認められず、サンフランシスコ講和条約への署名も認められなかった。現在の韓国が成立したのは国際法上はあくまでも一九四八（昭和二三）年であって、憲法前文の規定は虚構あるいは幻想に過ぎない。このような歪んだ歴史観に囚われている限り、歴史の真実を直視することは難しいであろう。

そのうえで戦後の日韓関係に決定的な悪影響をもたらしたのは、戦後になって韓国政府が意図的に進めてきた反日教育である。それがその後の対日政策の足かせともなっているのだ。

他方、日本の側にも大きな問題がある。日本はこれまで過去の歴史を学校できちんと教えてこなかった。このことを反省しなければならない。さらにそれ以上に問題なのは、日本の国内において、他国の権力に付き従い、歴史を歪曲して反日感情を煽る一部マスメディアや大学人、さらにはそれに同調する政治家などが存在したことである。慰安婦問題や徴用工問題に火をつけたのはそうした日本人の仕業であった。

こうした事情があるだけに、日韓関係の正常化は非常に難しい。しかしそれでも、お互いに少しずつ我慢しあって、辛抱強く付き合っていくしかない。それが隣国としての宿命である。そのためにも、私たちは過去の歴史的事実を正しく認識し、相手の言い分に耳を傾けながらも、それを鵜呑みにすることなく、主張すべきことはきちんと主張できるようにしなければならないのだ。

第３章

新渡戸稲造と日米関係

第３章では、日米関係が悪化する中で、親米的な感情の持ち主である新渡戸がどのような対応をしたのかを見ていきたい。

１　カリフォルニアの日系移民排斥

日米間の利害対立

新渡戸がアメリカとドイツでの留学を終え、アメリカ人女性と結婚して札幌に向かったのは、一八九一（明治二四）年のことである。当時の日米関係は極めて良好で、条約改正問題を除いては、両国間に政治外交上の問題は存在しなかった。その条約改正についても、他の列強が改正に応じようとしない中で、アメリカだけは日本側の要望に真っ先に理解を示していた。

だが二〇世紀を迎える頃から、日米関係は急速に対立の方向へと向かっていった。日本は日清戦争に勝利して、清国の属国だった韓国を独立させることに成功し、同時に台湾を獲得した。

そして今や満洲から朝鮮半島へと南下政策を進めるロシアと対峙していた。

一方、西部の開拓を終え、南北戦争の試練を乗り越えたアメリカは、米西戦争でスペイン圧政下にあったキューバを保護国化し、それを契機に太平洋国家としての道を歩み始めた。そして、スペイン領フィリピンのマニラを占領し、太平洋上の独立国ハワイを併合し、スペインからフィリピンを買収してアメリカ領とし、グアム、サモア、ウェークなどの太平洋諸島を相次いで領有して、太平洋地域における勢力を拡大した。さらにその先には、イギリス、オランダ、フランス、ドイツに後れをとりながらも、中国大陸市場に進出する機会を窺っていた。

太平洋進出を果たしたアメリカは、海軍次官経験のあるセオドア・ルーズベルト大統領の下で日本を仮想敵国とみなして大艦隊の建造計画を進めた。これに対して、バルチック艦隊を全滅させて日露戦争に勝利した日本の海軍にとっては、ロシアはもはや脅威ではなくなり、アメリカが最大のライバルとなっていた。こうした状況下では、いずれ東アジアにおける日米間の利害の対立が表面化するのは避けがたいことだった。

日露戦争においては、アメリカはロシアの野望を抑えるために、日本の立場に立って講和の調停の労を取ったが、日本が東アジアの大国となることは望んでいなかった。むしろ、日本を利用して満洲の門戸開放を実現しようとしていたのだ。

現に日露戦争の直後、アメリカの鉄道王と呼ばれたエドワード・ハリマンが世界一周の途中に来日し、南満洲鉄道の共同経営を提案してきた。日本側は明治の元勲である伊藤博文や井上馨、さらに桂太郎首相も賛同してこの提案を受け入れることで政府内がまとまり、仮条約を結んだ。これには渋沢栄一ら財界人も賛成の意を示した。ところが土壇場になってポーツマスから帰国した小村寿太郎外相がこれに強硬に反対し、政府内を説得して強引に仮条約を破棄してしまったのである。ハリマンが激怒したことは言うまでもない。日本は日米関係を強化する絶好の機会を逃し、逆にアメリカに対して日本の脅威を印象付けることになってしまった。

カリフォルニアの日系移民排斥

そうした中で一九〇六（明治三九）年、日本人移民が多い太平洋岸のサンフランシスコ市において、日本人学童に対する差別的な教育問題が起こった。サンフランシスコ市教育委員会が、日本人学童を米国人学童が通う公立学校からインド人や中国人などが通う東洋人学校に転校させることを決定したのである。この決定は日本のナショナリズムを強く逆撫でし、現地の日本人だけでなく日本政府もこれに強く反発した。

カリフォルニアで日本人移民が増え始めたのは日清戦争の頃からである。それまでは中国人の移民が多かったが、その数が大量に増えて現地人の反発を買い、ついに中国人の移民受入れが禁止されてしまった。その後を埋めるようにして日本人移民の労働力が求められるようになったのだ。だがその増え方は毎年一万人くらいで、毎年一〇〇万人近くも増えていたヨーロッパ系移民とは比べものにならないほど少数であった。それにもかかわらず、日本人移民排斥の問題が生じたのは、彼らが勤勉で長時間働くために白人労働者の地位を脅かすことになったからである。それに加えて生活習慣や宗教の違いも文化的摩擦を引き起こす原因となっていた。

いったんアメリカの反日感情が高まると、それに呼応して日本側でも反米感情が高まっていった。そしてついには、互いに相手のことを自国の安全を脅かす危険な存在として意識するようになり、そうした世論を煽るかのように両国において日米戦争論が声高に叫ばれるようになっていく。折からアメリカ人の間に広まりつつあった「黄禍論」も、こうした日系移民排斥運動を後押しすることになった。

サンフランシスコの日本人学童差別問題に関しては、最終的には日米関係への悪影響を恐れた連邦政府の介入によって、市のとった措置が撤回されることになった。だがこれで問題が完全に解決したわけではなかった。その後も、日本人が農業方面で次々に成果を上げて発展していくと、それを阻止するために日本人の土地所有権を禁止する運動が展開されるようになった。そして一九一三（大正二）年、カリフォルニア州では外国人土地所有権禁止法、いわゆる排日土地法が成立する。

この時、就任したばかりのウィルソン大統領には、かつてルーズベルト大統領が示したようなカリフォルニア州の問題に介入する力も、日本に対する理解もなかった。その結果、在留邦人の農場経営が窮地に陥ってしまう。こうして日本人移民の排斥問題は日米間の最大の外交問題へと発展していくのである。

渋沢栄一の民間外交

日米関係を改善するためには、日本に対するアメリカ人の誤解を解くとともに、両国間の相互理解を進める必要があった。そのため日本としては、政府レベルだけでなく、民間レベルの親善交流が必要だとして、渋沢栄一を中心に、日米両国の実業家レベルの組織的な交流を開始することになった。

渋沢は一九〇二（明治三五）年に六二歳で初めて渡米し、一ヶ月間にわたって各地を視察していた。アメリカを視察して驚いたのは、雑多な人種が集まっているにもかかわらず、バラバラにならずに互いに融和し、協力し合っていることであった。それがアメリカの民力となって、産業を下から発展させているのである。それを見て渋沢は、いずれその旺盛な活力が海を越えて東洋へと進出し、日本と競合・対立する危険性を感じ取った。こうして彼はそれ以来、日米関係の重要性を強く認識するようになっていた。そして排日運動に悩まされる日本人移民の要望にも応えて、国内の有力実業家に呼びかけては支援活動を行っていた。

しかし、日本人会への支援だけでは日米間の関係改善には結び付かなかった。渋沢の見るところ、関係悪化の原因は主としてアメリカ人の日本に対する誤解に基づくところが大きいと思われた。小村外相も、日米関係の改善のためには双方の誤解を解き相互理解を深めることが何よりも重要であると考えていた。そこで渋沢に協力を求めて、民間レベルの親善交流を進めるよう要請したのである。

渋沢栄一

渋沢は早速、日米両国の実業家レベルの組織的な交流を図るため、一九〇八（明治四一）年、カリフォルニア州および太平洋沿岸の主要な商業会議所の議員に呼びかけて、アメリカ太平洋沿岸実業団の訪日を実現させ、一行五〇数名が一ヶ月にわたり日本各地を視察した。翌年には、自ら団長として総勢五三名の渡米実業団を率いて訪米し、三ヶ月にわたり各地で企業や施設、商業会議所、大学などを視察し、多くの政治家、実業家、学者らと接触し、至る所で講演を行っては、日米間の誤解を解くよう努めた。こうして、日米間に渋沢を中心とした実業家たちの個人的な人脈が築かれることになった。これを彼は「国民外交」と呼んでいた。

新渡戸が日米交換教授として訪米

他方、アメリカ側でも日米関係の悪化を懸念する人たちがいた。その中でコロンビア大学バトラー総長の呼びかけで大学人を中心にカーネギー財団の事業として始められたのが、日米交換教授事業である。これを受けて日本政府は、桂太郎首相と小村寿太郎外相が相談して、最初の交換教授として新渡戸稲造を一年間アメリカに派遣することにした。

当時の新渡戸は第一高等学校校長だけでなく、東京帝国大学法科大学に新設された植民政策講座担当教授でもあり、名著『武士道』の著者として海外にもその名を知られていたので、彼に対する期待は大きかった。新渡戸にとってもこれほど名誉なことはなかった。彼にとってアメリカは妻メリーの祖国であり、自身もアメリカには多くの友人がいて、彼らの善意や見識に対して尊敬の念を抱いていた。それだけに、日米関係の悪化は決して他人事ではなかった。

その彼にとっては、日米交換教授はかつて東京大学に入学する時に試験官の外山教授に述べた「我、太平洋の橋とならん」という若き日の志を実現する絶好の機会でもあった。そこで、派遣が決まると早速夏休みを利用して、軽井沢の別荘でアメリカでの講義内容を準備することにした。

そこに渋沢栄一から手紙が届いた。渡米したらまずカリフォルニアの日本人会を訪問してほしいとの要請であった。渋沢は新渡戸より二二歳年長である。こうして二人は、これを機に、親子ほどの年齢の差や、属した世界の違いを超えて、日本の国益のために連携協力し、ともに日本を代表する国際協調主義者として、日米問題をはじめとする国際関係の改善に精力的に取り組むことになるのである。

サンフランシスコに到着した新渡戸は、約束していたスタンフォード大学の始業式に出席し、「太平洋に平和を」と題して式辞を述べた。

その中で彼は、「異民族が集まって同一の共和国となっているアメリカが、人種が違うからとの理由である人種を排斥しようとするのは、アメリカ社会の衰退を自ら認めるようなものである」として、日本人移民を排斥する動きを批判した。

また、当時巷間に噂されていた日米戦争説について触れて、「つい先週土曜日にこの地に上陸したのですが、二八年前（筆者注：正しくは二七年前）、私がボルティモアへの途上サンフランシスコをはじめて通過したときには気付かなかった変わった景色、妙な音が、私の五感を圧倒しました。当時は戦争の話などありませんでした。悪意の言葉など耳にひびかず、ドレッドノート型戦艦で働いている造船工の鎚音もなく、要塞を築く石工の音もせず、ラッパや太鼓の響きもありませんでした。……私は自分の眼、自分の耳がほとんど信じられません。アメリカの生活の基調がそんなにも途方もなく変わっているのです。これが進歩かあやしく思います」と述べて、アメリカの軍備増強に対する危惧の念を表明し、最後に「日本の子として、またアメリカの幸せを願うものとして、これらの戦いの噂は、すべて暁の到来とともに消え去る束の間の夢、恐ろしい夢魔にすぎないと判明することを、私は心から切に望みます」と平和への祈りを呼びかけ、学生たちに感動を与えた。

続く一〇日間、新渡戸はカリフォルニアの日系移民の農園などを視察し、各地の日本人会などで講演を行った。日本人会での講演においては、排日問題の一因として日本人労働者の多くが現地のアメリカ社会に融け込もうとしないことも指摘されていたことから、「日系人は永住し、英語を学び、アメリカの道徳観念を身に付ける」必要があることを説いた。

こうした演説からも明らかなように、日米が対立関係に入ったこの時期、新渡戸はその原因は双方にあり、関係改善のためには双方の努力が不可欠だと考えていた。だから日米双方に対して批判すべきところは厳しく批判し、双方に相互理解への努力を訴えたのである。これが新渡戸のバランス感覚である。

アメリカの日本研究に貢献した『日本国民』

カリフォルニアでの日程をこなした新渡戸は、その後ブラウン大学を皮切りにコロンビア大学、ジョンズホプキンス大学、バージニア大学、イリノイ大学、ミネソタ大学といったアメリカの有力大学六校でそれぞれ四週間の連続講義を行ったのをはじめ、各地で一年間に一六六回の講演を行った。

ワシントンでは臨時代理大使の埴原正直とともにタフト大統領を表敬訪問し、日本人移民の自主規制に関する紳士協定などについても意見交換した。さらに上院に提出されようとしていた排日法案の成立を未然に防ぐために、オハイオ州選出のバートン上院議員に働きかけることもした。その効果があって、バートン議員は日本の事情を詳しく聞いて親日的になり、翌年この法案は廃案となった。

イリノイ大学滞在中には、そこから一〇〇キロほど西にあるスプリングフィールドも訪れた。そこは彼が崇拝していたエイブラハム・リンカーンが弁護士時代に住んでいた場所で、彼の家を訪ねることができたことに新渡戸は大きな感銘を覚えた。

新渡戸がアメリカの六大学で行った講義内容は、直ちに『日本国民—その国土、民衆、生活』（原題 *Japanese Nation, Its Land, Its People, and Its Life*）としてニューヨークで出版された。この英文『日本国民』は、日本の地理、歴史、民族、宗教、道徳、教育、経済、植民政策、日米関係、極東におけるアメリカの影響といった広範なテーマについて論じた包括的な日本紹介の書物として、アメリカにおける日本研究の推進にも大きく貢献することになった。

この本は、その題名が示すように日本論であるが、副題に「With Special Consideration to Its Relations with the United States（米国との関係を特に考慮しつつ）」とあるように、日米関係に深い関心が払われている。その意味では、留学時代に書いた最初の英文著作『日米関係史』ともつながっている。

しかし、この二つの本が書かれた時代背景や著者の立場には大きな違いがあった。『日米関係史』は、日清・日露戦争前のまだ日米間に何も緊張関係がなかった時代に、一留学生が書いた学術論文であった。それに対して『日本国民』は、日露戦争後の日米関係が緊張を増す中での講演記録で、そこには日米友好の懸け橋としての使命を担った著者の強い想いが込められている。その意味で、『日本国民』のほうが、より明確な目的意識を持って書かれた作品と言える。

新渡戸のアメリカ講演の成果と国内の反応

『日本国民』の第一一章「日米関係」において新渡戸は、日本がわずかな挑発を受けてもすぐに戦争を起こしかねない好戦的な国だと言いふらす人がいることについても、日本は中国やロシア相手に戦争を行った時ですら、「それは共に正義の戦いであり、弁明できるものであったけれども、われわれは性急な行動には出なかった」と述べ、「わが陸海軍を合衆国に対して動員してみたところで、われわれに何の得があろうか」と言って、桂太郎総理が新渡戸に語った言葉を次のように紹介している。

「戦争のことは私はようく知っています。余りにもよく知り過ぎています。戦争の恐怖も、その余波の一そうひどい恐怖も、みな知っています。戦争のことをペラペラしゃべるのは、主に、戦争など一度も見たことのない人たちです。戦争について書いている新聞人は、戦争が何を意味し、戦争には何がつきものか、はたして本当に知っているのでしょうか。私自身としては、戦争を弁護はできません。私が職にあるかぎり――そして職を去ったのちでさえ、国事に何か影響力をもっているかぎりは――アメリカとの戦争など無いことをあなたに保証いたします」

アメリカでの新渡戸は、こうした講演のほかにも個別にアメリカ人と個人的な接触を深めることに努めた。そうした機会に誰もが感じたのは、新渡戸の温柔にして典雅な風格、該博な知識とユーモアに包まれた座談の魅力であった。一年間にわたる新渡戸の講演旅行は、アメリカ人、特に知的レベルの高い指導層における日本への理解を深めるうえで大きな役割を果たしたといえる。

しかし、こうした新渡戸の活躍も日本国内ではあまり理解もされず、評価もされなかった。

それどころか、第一高等学校においては、校長が一年間も学校を留守にするのは職務をおろそかにするものだと非難されたりもした。当時の日本には、この種の知的文化的交流が一国の外交政策や安全保障にとってどれほど重要であるかを理解できる人は、残念ながらあまりに少なかったのである。

それでも、新渡戸にとっては日米交換教授の仕事は貴重な経験となった。そしてこれを機に、彼は生涯を通じて日米間の知的文化的交流の架け橋として、メリー夫人とともに献身努力することになった。それは他の誰にも真似のできない重要な役割であった。

2 悪化する日米関係の改善への努力

新たな対立と相互理解への取組

新渡戸が一年間のアメリカ講演旅行を終えて帰国した後も、日米親善友好に向けた有志たちの努力は続けられた。だが、それにもかかわらず、第一次世界大戦が終わる頃からは、アメリカの世論は急速に親中・反日の方向へと向かっていった。

一九一四（大正三）年、第一次大戦の開戦直後にパナマ運河が開通したが、このことは日米間の依存関係を高めるだけでなく、対立要因ともなっていく。それまで大西洋国家だったアメリカが太平洋国家としての顔も持つことになり、その結果、日米間の貿易は増えたものの、第一次大戦の勃発で欧州勢が東アジアから撤退したこともあって、米中貿易がそれ以上に大きな伸びを示したのである。こうして日米関係は新たな対立の時代へと移っていった。

日米関係の悪化を憂慮した渋沢栄一は、サンフランシスコ商業会議所会頭で米日関係委員会会長のアレキサンダーとも会談し、日米間の相互理解を図るため東京にも日米関係委員会を設置することにした。委員会は渋沢のほか、井上準之助（横浜正金銀行頭取）、大倉喜八郎（大倉組頭取）、金子堅太郎（枢密顧問官）らをはじめとする実業家や政治家を中心に構成されたが、そのほかに新渡戸稲造（東京帝大法科大学教授）と姉崎正治（東京帝大文科大学教授、宗教学）の二人の学者も含まれていた。

これと並行して日本国内では、日米相互理解と親睦のための民間交流団体として日米協会も東京に設立された。会長には金子堅太郎が就任し、駐日米国大使が名誉会長に就任することになった。渋沢も設立の準備段階からこれに関与して、名誉副会長として重きをなした。新渡戸をはじめとする国際派の学者たちもその活動を支えた。

東京帝大にヘボン講座

一九一七（大正六）年には、アメリカの銀行家ヘボンから渋沢栄一を通じて、日米両国の親善関係を推進するために東京帝国大学に国際関係の講座を寄付したいとの申し入れがあった。これを受けて同大学の山川健次郎総長は、この講座を広い意味でのアメリカ研究講座にしたいと考えて、法学部に「米国憲法歴史及び外交」講座が創設されることになった。

とはいえ、この講座の受け入れは決して簡単なことではなかった。当時の日本にとって模範とすべきはヨーロッパであり、まだアメリカを研究することの重要性は認識されていなかった。そのアメリカからもたらされたデモクラシーはむしろ危険思想であるとさえみなされていた。

ため、講座創設が決まるまでの過程においては、学内では天皇機関説や民本主義に批判的だった憲法学者上杉慎吉教授らの強硬な反対があったり、時の文部大臣岡田良平からは、アメリカのデモクラシーを教える前に神道を教えるべきだとの発言があったりもした。軍人上がりの総理大臣寺内正毅も大反対だった。そうした中で、新渡戸らが中心となってこの講座の開設にこぎつけたのである。

新講座の担当教授には新渡戸の弟子で大蔵省に勤務していた高木八尺が任命された。通称「ヘボン講座」と呼ばれるこの講座は、戦後は「アメリカ政治外交史」講座と改称された。この講座の開設に先立って、これを記念する特別講義が行われることになり、美濃部達吉が憲法、吉野作造が外交、新渡戸が歴史を担当した。新渡戸の五回にわたる講義は、『米国建国史要』として出版された。

この特別講義において新渡戸は、なぜ日本にとってアメリカ研究が必要なのか、その理由を次のように説明している。

第一の理由は、アメリカ人は世界の方向を左右する大勢力となるからであった。当時のアメリカは、まだ七つの海を支配するイギリスのような大国ではなかった。日本の知識人の多くは、依然としてヨーロッパにしか目を向けていなかった。そのような時代にあって、新渡戸は、アメリカがこれからの世界を動かす大国となることを見通していたのであり、これからはアメリカのことを知らなければ、日本の将来を考えることもできないと考えていたのだ。

第二の理由は、日米関係の緊密化とデモクラシー思想の普及に伴って、実際的にも学問的にも、アメリカ研究が我々日本人にとっての極めて重要な取り組みとなっていくからであった。

つまり新渡戸は、アメリカ研究を通じて日米関係を改善するだけでなく、日本にデモクラシーの定着化を図ることをも期待していたのである。彼にとって、アメリカという国はデモクラシーと深く結びついて理解されていたのだ。

新渡戸とデモクラシー

新渡戸は翌年、『実業之日本』誌に掲載された「平民道」においても、「米国がデモクラシーの国というのは、共和政治なるが故ではない」と述べて、アメリカの本質がデモクラシーにあることを強調した。

デモクラシーとは民衆の政治という意味だが、新渡戸は、それは「単に政治的現象ではない。……相互の人格を尊重する態度」が根本になければならないと言う。そして「人を人として相互の尊敬を懐くのが、これがデモクラシーの根底的意義だと僕は心得ている。之を言い換えれば、デモクラシーの出発点は心の態度であると云いたい」と述べる。

新渡戸がここで強調するのは、「自由という概念は自分勝手なことをすることではない」、「自由は社会の秩序と法律の完備が伴ってはじめて実現できるものである」という考え方であった。彼は、本家イギリス流の自由主義の信奉者であり、イギリスから大陸に渡ってあの残虐な革命を引き起こすことになったフランス流の急進的な自由主義は、暴徒主義にすぎないとして排斥した。平等という概念についても、フランス革命において「平等は人格の平等ではなく、物質的平等の意味にまで堕落した」と批判し、「平等の如きは物質的に論ずべきものでない」と主張して、「破壊的の社会主義或は共産主義はデモクラシーの必要条件とは思われない」と述べている。

こうした考えに基づいて、新渡戸は、アメリカでは独立前の植民地時代から、社会階級や官尊民卑、男尊女卑のような人格以外の差別、職業による差別をせず、相互の人格を尊重する習慣があったことを指摘し、それが今日のデモクラシーの淵源となっていると説明した。さらに、デモクラシーは国の形態ではなく、「国の品性、もしくは色合い」であるとも述べている。

これは言い換えると、すべての人に対する尊敬と理解と同情と愛に基づく民本思想があって、はじめて民本政治が現れるという考え方である。それを新渡戸は、吉野作造が提唱した民本主義という言葉を使わずに、「平民主義」あるいは「平民道」と称した。民主主義や民本主義という表現では、デモクラシーが国体にそむく反体制的なもののように心配する人がいるから、というのがその理由であった。

このように新渡戸は最初にアメリカ研究の種を蒔くという重要な役割を果たした。その意味で、日本のアメリカ研究は新渡戸稲造にはじまったと言っていい。しかし、その後の新渡戸は、国際連盟の仕事をはじめ他の分野の活動に忙殺されて、自らアメリカ研究を発展させる機会には恵まれなかった。

カリフォルニアで排日運動が再燃

一方、アメリカにおける排日運動は、現地の日本人や日本政府の努力もむなしく、その後も一向に収まる気配はなかった。新渡戸が国際連盟に勤務しはじめた一九二〇（大正九）年には、カリフォルニア州において、それまでの排日土地法をさらに一層厳しくした新しい排日土地法が成立してしまう。

それまで日本は、すでにサンフランシスコの日本人学童差別問題の後、一九〇七（明治四〇）年からは両国間の紳士協定に基づいて、ある程度移民を自主規制していた。一九一三（大正二）年にはカリフォルニア州で外国人土地所有権禁止法、いわゆる排日土地法が成立し、そのため在留邦人の農場経営が窮地に陥ってしまったことがあるが、このときは在留邦人が結束して、株式会社を設立してその株主となることで事態を切り抜けることができた。

その後は第一次世界大戦が勃発したため、アメリカの排日感情は下火となる一方、農産物価格の高騰で日本人農家は潤い、俄成金も誕生することになった。すると、それがまたアメリカ人の羨望の的となり、日本人に対する新たな排斥運動にもつながっていった。

こうしたことが背景にあって、第一次世界大戦後のパリ講和会議において日本代表は、人種差別禁止を国際連盟規約のなかに明文化することを要求した。それは直接的には、新天地を求めてアメリカ大陸に渡った日本人移民に対する排斥問題の解決を国際会議の場で求めたものであるが、それに加えて、有色人種への差別待遇を放置していたのでは国際協力も進まないことから、国際連盟が機能するためには人種平等の原則を明確にする必要があると考えられたのである。

しかし、採決の結果、一六ヶ国のうち一一ヶ国の代表の賛成は得られたものの、アメリカ、イギリスなどが反対し、ウィルソン大統領がこのような重要な案件は満場一致でなければならないと主張して、日本の提案は受け入れられなかった。列強のエゴイズムが浮き彫りにされたと言っていい。特にアメリカは、アジアからの移民が無制限に増加することを警戒して日本の人種差別撤廃提案に強く反対した。ウィルソン大統領が「十四箇条」のなかで唱えた民族自決とは白人種内の民族自決でしかなく、民族平等ではなかったのだ。こうして日本の提案は、その意図に反して、かえってカリフォルニア州民の感情を逆撫でることにもなった。

新渡戸にとって、移民の排斥はデモクラシーに反する行為であったが、植民政策論の立場からも許されるべきものではなかった。なぜなら、未開の土地を開拓するためには移民の受け入れが必要であり、それを阻害することは土地の有効利用を阻むことにほかならないからである。

日米間の対話集会

その頃、渋沢は、アメリカの移民問題については西海岸だけでなく東海岸の有力者の理解と協力を得る必要もあると考えていた。そこで一九二〇（大正九）年にはまずアレキサンダーをはじめとするカリフォルニアの実業家二〇数名を招いて米日関係委員会との合同による日米関係委員会協議会を開催したのに続いて、インターナショナル・バンキング・コーポレーション会長の銀行家ヴァンダーリップをはじめとするアメリカ東部ニューヨークの有力な実業家たちを招き、自ら座長となって六日間にわたる日米有志協議会という対話集会を開催した。

こうした対話を通じて明らかになったのは、日米関係の課題はカリフォルニアでの排日移民運動だけではなく、①日本が対華二十一箇条を要求したこと（一九一五年）、②ヴェルサイユ講和会議で日本が人種差別撤廃を提案したこと（一九一九年）、③朝鮮の武断統治により三・一独立運動を招いたこと（一九一九年）、④山東省ドイツ権益を日本が継承することをヴェルサイユ条約が認めたこと（一九一九年）、⑤日本がシベリア出兵後も撤退しないこと（一九一八～二二年）、などの問題も加わって、アメリカにおける対日感情が悪化しているということであった。そのため第一次世界大戦が終わる頃から、アメリカの世論が急速に親中・反日の方向に向かっていったのである。

会議ではこうした状況を踏まえて参加者の間で率直な意見交換が行われた。山東問題や朝鮮問題については日本側から中国や韓国の一方的なプロパガンダによる誤解が大きいことなども指摘され、その結果、アメリカ側の参加者は日本側の説明に概ね理解を示して、相互理解の推進と誤解の解消に向けて大きな進展が見られた。

しかし、それにも関わらず、一九二〇（大正九）年、カリフォルニア州において、それまでの排日土地法をさらに厳しくした第二次排日土地法が成立したのである。ただし、このときはまだカリフォルニア州だけの問題であって、連邦政府としての外国人排斥ではなかったのが、救いといえば救いであった。

ワシントン会議と国際協調主義

翌一九二一（大正一〇）年、アメリカの呼びかけでワシントン会議が開かれた。その狙いは日本の軍拡に歯止めをかけることであった。そのため日本国内ではこれに参加すべきか否かをめぐって意見が大きく分かれていた。

その中にあって渋沢は当初から米英の提唱する軍縮案を積極的に支持していた。そしてこの問題への対応を軍部や外務省だけに任せるわけにはいかないとして、原敬首相とも相談の上、日米関係委員会代表という立場で、八一歳の高齢を押してアメリカに渡り、要人たちに積極的な働きかけを行った。

会議が始まるとアメリカのヒューズ国務長官から各国の主力艦保有率をアメリカとイギリスは五、日本は三、フランスとイタリアは一・六七とする具体的な提案が示された。これに対して全権の加藤友三郎海軍大臣は、直前に東京駅で暗殺された原敬首相の遺志を継いでこの提案を受け入れた。また懸案だった山東問題についても、新たに日本と中国の間で「山東還付条約」が締結され、山東省権益の中国への返還が決まった。

こうしてワシントン会議以降、日本は国際協調主義を機軸としたワシントン体制の枠組のなかで対アジア外交を進めていくことになった。シベリア出兵についても撤兵することにした。海軍の軍縮、さらに陸軍の軍縮も行われ、一般会計に占める軍事費の割合は一九二二（大正一〇）年の四九％から一九二六（大正一五）年には二八％にまで低下した。これに伴い日米関係は一時的にせよ改善の方向に向かうことになった。だが、ワシントン会議では日英同盟が解消されたため、その代わりに日英米仏の四ヶ国条約が締結されたものの、日本の立場は極めて弱いものとなってしまった。

３　排日移民法の衝撃

排日移民法の成立

ワシントン会議後、日米関係は改善の方向に向かった。だが、カリフォルニアの日本人排斥運動はその後も止むことがなかった。そして一九二四（大正一三）年四月、今度はアメリカ連邦議会において日本人の移民を禁ずる排日移民法案が成立するのである。

この排日移民法の正式名称は移民割当法といって、ヨーロッパ各国からの移民に対して一定の枠を設けることを目的とするものだが、その中に、「帰化権のない外国人は移民として入国を認めない」という条項が入っていた。日本人を対象とするとはどこにも謳っていないが、当時アメリカへの帰化権は「自由な白人と黒人」に限られていたため、これにより黒人以外の有色人種は完全に排斥されることになる。しかも中国人の移民はすでに三〇年以上も前に禁止されていたので、この条項が日本人移民の排除を目的としたものであることは誰の目にも明らかであった。日本としては到底容認しがたい人種差別的法案である。

日本は官民を挙げてこれに強く反発した。それまで法案可決を阻止しようと熱心に働きかけていた渋沢は、「長い間、骨を折って働いた甲斐もないとあまりにバカらしく思われ、社会がいやになるくらいになって神も仏もないのかというようなグチさえ出したくなるのであります」と落胆の言葉を漏らした。

それでも日本側は、大統領の拒否権に最後の望みを託していた。だが、その期待も空しく、翌月クーリッジ大統領はこの法案に署名し、ついに法律が成立してしまう。先のワシントン会議で日本の主力艦数が英米の六割に制限されたことで不満が鬱積した日本の国民感情は、これで一気に悪化した。

もっとも実際には、日本にとってこの法案による実害はそれほど大きくはなかった。なぜならそれまで日米間で交わされた紳士協定によって、日本からの移民は年間一五〇名程度にまで減っていたからである。ではなぜ、官民をあげてこれに反対したのか。それは日本だけが他の国々と同様の扱いを受けられなくなるのは不当な差別だと感じたからである。

日本はその数年前にも、第一次大戦後のパリ講和会議において人種差別撤廃を提案して、米英など大国の反対に遭って涙を呑むという苦い経験を味わったばかりである。それだけに人種平等の問題に対しては人一倍過敏になっていた。そういう時にこの法律が成立したのであり、これにより日本人の名誉心や自尊心は大きく傷つき、それに対する怒りが爆発したのであった。

排日移民法が成立した本当の理由

実はこの法案は、当初は下院では可決されたものの、上院では否決されるものと思われていた。それにもかかわらず、土壇場で形勢が逆転し、上院でも可決されてしまったのである。

形成が逆転したのは、埴原正直駐米大使がヒューズ国務長官に宛てた書簡中の「重大なる結果」という字句が問題にされたためだと言われている。この書簡は法案可決を阻止しようとして埴原大使が国務省とも連携をとったうえで起草されたもので、穏やかな口調で日米関係の重要性を強調したものだったが、その中にこの法案が成立すると日米関係に「重大なる結果」を招くだろうとの字句があった。それを排日派のロッジ上院外交委員長が問題にし、これは米国に対する「覆面の威嚇」だとして糾弾して、議員たちに法案を支持するよう訴えたのである。その結果、それまで慎重な姿勢をとっていた多くの議員が賛成に回ることになったというのだ。

しかし、この法案が成立した本当の理由はもっと別のところにあったとも言われている。それは日本人移民の排斥問題とは全く関係のない、純然たるアメリヶ国内の政治情勢であった。

この時期、議会ではヨーロッパ各国からの移民に対して一定の枠を設ける現行の移民法が失効する前に新しい移民法を制定する必要があった。そのこと自体に何ら問題はない。ところが排日を唱える西部諸州の議員がこれに便乗して、そこに「帰化権のない外国人は移民として入国を認めない」という条項を追加するよう要求したのである。

当時の与党共和党は油田疑獄と呼ばれる大きな政治汚職事件を抱えて内部分裂を起こし、危機的な状況にあった。そうした中で党の危機を乗り切るには西部諸州の議員の協力を得ることが不可欠であった。そのため、下院においては、与党は西部諸州の議員の主張を容認し、日本人移民排斥条項を含む移民法案が賛成多数で可決された。

だがその時点では、国際関係を重視する議員が多い上院では、排斥条項に対しては消極的な立場をとる議員が多く、したがって法案は否決されるだろうとの見通しであった。ところが、そうした中でロッジ外交委員長が熱弁をふるった結果、形勢が逆転し、土壇場で多くの議員が法案賛成に回ることになったのである。つまり、共和党を中心とした党利党略に基づく理不尽な投票行動を正当化するために、埴原書簡が都合よく利用されたのであった。

こうして排日移民法はアメリカの内政や選挙の取引材料として使われ、その結果、日米関係が犠牲にされてしまったのである。

排日移民法の影響

この法案が成立すると、それまでこの問題を解決するため渋沢とともに奔走していた日米協会会長の金子堅太郎は、アメリカの対日差別に厳しく抗議して、会長を辞職した。渋沢が慰留に努めたが、金子が翻意することはなかった。

だが渋沢は金子と行動をともにしなかった。この法案が少数の議員や排日運動家によるものであって、多くのアメリカ人がこの法案に賛成しているわけではないことも知っていたからである。

渋沢は、「アメリカという国は正義人道をモットーとしているが、その国民性はいつでも極端に走りたがる傾向があるので、日本人はいたずらに感情に駆られて盲動するような言動を慎み、米国民の正義人道の良心に訴えて円満なる解決を見るように努力する必要がある」と考えていた。この考え方に立って慎重な対応を唱えたのである。そして国際協調の立場から、双方の世論の鎮静化を図るため精力的に日本側の対応策を取りまとめ、アメリカ側と折衝を重ねるのである。

日米協会編『もう一つの日米交流史』は、「ワシントン体制が確立された直後のこの不幸な事件は、米国のモラル・リーダーシップを傷つけたのみならず、日本が後に脱欧入亜を謳うアジア主義へ傾倒する契機」ともなったと記している。排日移民法の成立はその後の日米関係に決定的な悪影響を与え、後の日米開戦の一因ともなっていくのである。

「二度とアメリカの土を踏まない」

その当時、新渡戸は国際連盟事務次長としてジュネーブで仕事をしていた。彼はジュネーブの人気者で、ジュネーブ郊外のレマン湖に面して、遠くにモンブランの巨峯を望む新渡戸邸は、いつも大勢の客でにぎわった。アメリカは国際連盟に加盟していなかったが、それでもジュネーブを訪れるアメリカ人の数は多く、新渡戸邸にはアメリカ人訪問客も絶えることがなかった。

新渡戸は、訪れた客が少しでも本物の日本的な雰囲気を体験できるようにと、陶磁器、仏像、色紙、短冊、茶道具、花器をはじめ、日本の伝統文化の粋ともいえる家具調度をたくさん取り寄せて展示し、環境づくりに心掛けていた。新渡戸邸は新渡戸夫妻の文化外交の拠点であり、国際文化交流センターとしての役割を果たしていたのである。

国際連盟事務次長時代の新渡戸

そのジュネーブで排日移民法成立の報に接した新渡戸は、アメリカ政府を強く非難し、「この法律が撤廃されるまでは、二度とアメリカの土を踏まない」と宣言した。そしてそれを実践した。同年暮れに一時帰国した際には、アメリカを通らずにわざわざ不便なインド洋回りで帰ってきた。その後もアメリカから十数回にわたって招待の手紙がきたが、それもすべて断った。それほど彼の「二度とアメリカの土を踏まない」という決意は徹底していた。

こんな出来事もあった。法案が成立し、移民に関する日米間の「紳士協定」がアメリカによって一方的に破棄された直後のことである。ジュネーブにおいて、青年活動家の世界的指導者として知られるアメリカ人のための晩餐会が催された。その主賓が挨拶をし、その中で「クリスチャンであるだけでは十分ではない。皆さんはまた紳士でもなければならない」と述べた。そのあと何人かが話をし、新渡戸に話す順番が回ってきた時、彼は、「紳士であるだけで十分かどうか怪しい。紳士必ずしもその協定を守りはしないから」と言って、紳士協定を破棄したアメリカ政府の対応を批判したのである。普段は温順柔和なことで知られる新渡戸の口からでた言葉だけに、それは聞く人に強い印象を与えたという。

後の英文著書『日本』の中でも、新渡戸は「この立法行為の日本に及ぼした影響は深刻だった。日本はその一番の親友から、急に、気に障ることもしていないのに、頬を打たれたように感じた。日本は、アメリカの立法者の正気を疑った。……修正も廃止もせずに過ぎれば、年毎にわれわれの侮辱感は強まり、鋭くなるばかりである。……一国が他国の中に疑いと恨みの種をまいているかぎり、平和や善意を語っても一切無駄である。」と述べている。

しかし、彼も渋沢と同じく、この法案が少数の議員や排日運動家によるものであって、多くのアメリカ人がこの法案に反対していることを理解していた。そのため極端に反米的な言動は慎み、「日本はアメリカ民衆全体の信実と名誉感に、なおも信頼をおく」と述べて、アメリカがいつの日か良識を取り戻して、この法律を自ら撤回することを強く願っていた。

彼はアメリカに対する怒りの感情を、普段の彼からは想像できないほど激しく表現したが、それは単純な感情の爆発ではなかった。彼は当時アメリカで出版された黄禍論や反日的な論文にはほとんど目を通しており、それに対する批判や反論もさまざまな形で行なっていた。さらにそれを通じて、巷に溢れる黄禍論や反日的論文が必ずしもアメリカの世論を代表しているわけではないことも理解していた。そして、アメリカ社会にはその非を自ら認めて改めるだけの理性と勇気があることを信じていたのだ。

太平洋問題調査会の発足

国際連盟の仕事を終えた新渡戸は一九二七（昭和二）年に帰国した。もちろんアメリカ経由ではなく、時間もかかり不便なインド洋回りの客船である。そしてその後の日本は、渋沢や新渡戸らを中心に日米関係委員会や太平洋問題調査会をはじめとするさまざまな機会を利用して、排日移民法を撤回するようアメリカ側の有力者たちに働きかけた。

太平洋問題調査会とは、一九二五（大正一四）年にハワイで発足した民間の組織で、太平洋地域の経済、貿易、人口、人種問題など共通の課題について調査研究し、話し合う学術研究団体である。

それまでは経済や貿易に関する問題については、基本的に当事者である二国間で話し合って問題を解決しようとしてきたが、アメリカの排日移民法制定によって日米関係が悪化したこともあり、もはやこれまでの二国間の枠組では日米の諸問題に対応できない時代を迎えていた。そのため日米関係委員会も、両国間の意見交換の場としては機能しなくなっていた。

そのような時に新たに非政府間の国際学術組織としてハワイで発足したのが太平洋問題調査会であった。調査会はそれぞれの国に支部が設けられ、日本支部においては、評議員会会長にはそれまで日本の民間経済外交を展開して幅広い人脈を築いてきた渋沢栄一が就任した。理事長には日銀総裁の井上準之助が就任した。

だが、一九二九（昭和四）年、井上が濱口雄幸内閣の大蔵大臣に任命されたため、後任の理事長には新渡戸が就任することになった。後藤新平はその直前に急逝していた。その年の秋には京都で第三回太平洋会議が開催されることになっていたため、新渡戸は直ちにその準備に取り掛かった。

芙蓉書房出版の新刊・売行良好書　2206

江戸の道具図鑑

暮らしを彩る道具の本

飯田泰子著　本体 2,500円【5月新刊】

江戸時代の暮らしのシーンに登場するさまざまな“道具”を700点の図版で解説。
器と調理具、提灯化粧道具・装身具・喫煙具、収納家具・照明具・暖房具、子供の玩具・大人の道楽、文房具・知の道具、旅の荷物と乗物、儀礼の道具など

当用百科大鑑

昭和三年の日記帳付録　【尚友ブックレット37】

尚友倶楽部・櫻井良樹編　本体 2,500円【5月新刊】

日記帳の付録から読み解く昭和初期の世相。博文館『昭和三年当用日記』（昭和2年10月4日発行）の巻頭部分の記事と巻末付録「当用百科大鑑」を復刻し、日記帳そのものの歴史的価値に注目した試み。当時の世相を写す記事、現在ではなかなか調べられない事項、最新統計が多く掲載されている。

エステラ・フィンチ評伝

日本陸海軍人伝道に捧げた生涯

海野涼子著　本体 2,400円【4月新刊】

明治26年キリスト教伝道のために単身来日し、陸海軍人への伝道に生涯を捧げ日本に帰化した女性宣教師がいた！黒田惟信牧師とともに横須賀に日本陸海軍人伝道義会を設立。この教会に通った海軍機関学校生徒らの回想も収録。エステラの日記「祈りの記録」など新しい資料を発掘し「軍人伝道」の全容を初めて明らかにする。

進化政治学と平和

科学と理性に基づいた繁栄

伊藤隆太著　本体 2,800円【4月新刊】

気鋭の若手研究者が、進化政治学の視点で平和の原因を説明する。✺なぜ人間はデフォルト状態ではしばしば欺瞞の罠（ワクチン陰謀論、宗教原理主義、社会正義運動、ポリティカル・コレクトネス等）に陥ってしまうのか？／✺世界は平和に向かっているのか／✺道徳の進歩は可能になるのか？

米国の国内危機管理システム

NIMSの全容と解説

伊藤　潤編著　本体 2,700円【3月新刊】

9.11同時多発テロを契機に米国で導入された国家インシデント・マネジメント・システム（NIMS）第３版の全訳と、関連する緊急事態管理制度に関する解説で構成。ハザードの種類を限定しない All-hazards 型の危機管理の仕組みは日本の災害対策・安全保障（外交・防衛）の両面から参考になる情報が満載。

インド太平洋戦略の地政学

中国はなぜ覇権をとれないのか

ローリー・メドカーフ著　奥山真司・平山茂敏監訳

本体 2,800円【1月新刊】

強大な経済力を背景に影響力を拡大する中国にどう向き合うのか。コロナウィルスが世界中に蔓延し始めた2020年初頭に出版された *INDO-PACIFIC EMPIRE: China, America and the Contest for the World Pivotal Region* の全訳版

芙蓉書房出版
〒113-0033
東京都文京区本郷3-3-13
http://www.fuyoshobo.co.jp
TEL. 03-3813-4466
FAX. 03-3813-4615

第４章

新渡戸稲造を悩ませた満洲問題

第４章では、満洲問題が国際化したことから、日本政府のスポークスマンとしての役割をも担わざるを得なくなった晩年の新渡戸稲造の苦悩と、祖国のために身を粉にして献身努力する姿の真相に迫ってみたい。

１　満洲経営の体制

「東西文化の出会点」

日本は台湾と朝鮮に対しては、それぞれに総督府を置き、基本的には内地延長主義の考え方で五つの基本原則に基づいて統治した。それによってそれぞれの社会の近代化が進んだ結果、戦後になって日本の統治から解放されてからも、それまでの近代化遺産がその後の台湾と朝鮮の発展のための強固な基盤となった。

一方、満洲の場合はどうかというと、日本との関わり方は台湾とも朝鮮とも異なっている。

この満洲について新渡戸は、「アジア人の統治能力を試す場所」と考えていた。一九〇七（明治四〇）年、つまり満鉄が発足してまもない時期に、東洋協会（旧台湾協会）の会合において「満洲は東西文化の出会点」と題して講演し、満洲を舞台に始まる新しい取組みへの期待感を表明している。その内容を要約すれば以下のようになる。

「東洋は西洋と対比される言葉だが、西洋には地理的範囲としては種々の国が含まれるとはいえ、西洋という言い方をすると、そこには風俗、思想、文学、歴史、人種などから見ても同種類の文明に浴して互いに繋がる文化的密着（Solidarity）を意味する言葉となる。これに対して東洋は、人種も違い、言語も思想も宗教も、歴史も違う国々から成り立っていて、そこには西洋のような相互的密着の関係（Solidarity）がない。

しかし東洋という旗を掲げているうちに、これからはアジアにも各地において東洋としての自覚が生まれてくるはずである。

これまで西洋人は、アジア人には自国を統治する能力がないから、自分たちにその権利があるかのように論じ、振る舞ってきた。たまたま黄色人種にも統治能力のある者が現れると、黄禍論などと称して警戒の声を上げてきた。

しかし今や、東洋という言葉も、単なる地理上の関係にとどまるべきではない。それを超えて、西洋のような相互的密着の関係（Solidarity）を育てるべき段階にきている。満洲こそは、我々が他人種を統治する能力があるか否かを試す場所である。今後、文明の空気を輸入するにせよ、教育を普及するにせよ、殖産事業を起こすにせよ、あらゆる平和の技術を発達するにせよ、その取組みは満洲からはじまるのだ。

幸い我が国は台湾においてそのための稽古を積んできた。我々一般国民は、満洲での取組みに出場する選手たちを援助し、元気付け、彼らの成功を助けるよう努めなければならない」

だが、こうした満洲開発論は、当時の日本人の国際感覚を越えたものであり、現実の国際関係や軍部の権限が強まる状況下では有力な政策思想とはなりえなかった。

「文装的武備」

満洲経営の中心的役割を担う満鉄が創設され、その初代総裁となった後藤新平は、台湾総督府でもそうしたように、若くて有能な人材を積極的に登用した。副総裁には台湾総督府時代からの腹心で当時四〇歳の中村是公を抜擢した。そして早速「満鉄十年計画」を策定して、積極的な経営を展開した。

こうして満鉄は、全線を国際標準軌（当時の日本では「広軌」と呼ばれたが、実際は狭軌と広軌の中間）に改め、撫順炭坑の拡張や、大連港の拡張、上海航路の開設、鉄道附属地内各都市の社会資本整備などを強力に推し進めた。鉄道沿線にはヤマトホテルが開業し、大連には、満鉄中央試験所や電気遊園地などもつくられた。

中央試験所は農業生産力の向上と生産品の加工、食品工業の進展のための施設で、新渡戸の尽力により札幌農学校の卒業生たちが重要な役割を演じた。電気遊園地はメリーゴーラウンドやイルミネーションなど電気仕掛けによる娯楽施設で、当時の内地にもこれに類した施設はなかった。これらの事業は内地延長主義どころか、内地の先をいく先導的な取り組みであった。

後藤新平

後藤総裁が満鉄経営の基本方針としたのは「文装的武備」という考え方だった。鉄道の輸送力を強化すればいざというときに軍事輸送にも使えるし、学校や病院を建設すれば外国との対立を緩和・解消する役割を果たすだけでなく、有事に際しては軍事に転用することも可能である。また各種調査研究を実施することによって諸外国との相互信頼関係が築かれ、協力関係も深まっていく。

文装的武備とは、そうした広義の安全保障概念に近いものだった。そうすることによって軍部を説得しながら、実質的には現地の社会経済の発展に資する施策を推進したのである。こうして大連や長春などの大規模な都市建設が進められ、その後の満洲の発展の基盤が整備されていった。

この満鉄の安全を確保するために駐留していたのが日本の関東軍である。関東とは、万里の長城の東端にあたる山海関の東方一帯のことで、本来は満洲全地域のかなり広範囲をさす名称であった。それをそのごく一部でしかない遼東半島の先端に用いて関東州と名付けたのは、ここを中国から租借したロシアである。日露戦争後にこの租借権をロシアから譲渡された日本は、ここに関東都督府を置き、その陸軍部を鉄道沿線に配置したのだ。その後一九一九（大正八）年に関東都督府が改組され、民政部門を司る行政機関としての関東庁となると、都督府の内部組織であった陸軍部はそこから分離して関東軍となった。

このように関東軍は、日本が条約により取得した満洲の権益を守るための軍隊であって、日本が何の法的根拠もなしに満洲に軍隊を配備したわけではなかった。しかし後になると、関東軍は本国政府の方針を無視して独断的な行動をとるようになっていくのである。

後藤新平の指導力

後藤が満鉄総裁の職にあったのは二年弱に過ぎない。その後は逓信大臣、鉄道院総裁、内務大臣、外務大臣を歴任することになる。しかしその間にも彼は、満鉄の監督権を関東都督府から逓信大臣に移し、さらに鉄道院を開設して満鉄監督権をそこに移管する一方で、後任の満鉄総裁にはまだ若すぎるとの批判を押し切って副総裁の中村是公を昇格させるなどして、満鉄を自らの監督下に置き続けた。中村は五年間の長期にわたって第二代総裁を務め、後藤の描いた計画に沿って各種事業を展開した。

その結果、満洲は日本の主導による社会資本整備を通じて飛躍的に発展した。それに伴い、華北から万里の長城を越えて大量の漢人が移住してきた。そして一九三一（昭和六）年頃には、人口は三〇〇〇万人以上に膨れ上がっていった。

一方、後藤は、その後も東京市長、関東大震災後の内務大臣兼帝都復興院総裁などとして活躍するかたわら、拓殖大学学長として外地で活躍する人材の育成に尽力し、日露協会会頭としてハルピン学院も創設した。さらに晩年はボーイスカウト連盟の総裁として青少年の健全育成に貢献したが、一九二九（昭和四）年四月、岡山に出張途中の急行列車内で脳溢血で倒れ、七一歳で生涯を閉じる。

2　国際問題化する満洲

昭和の日本

一九二七（昭和二）年、新渡戸は七年半にわたる国際連盟での仕事を終えて帰国した。神戸に入港すると六九歳の後藤新平がわざわざ出迎えてくれた。

帰国して新渡戸が目にした日本は以前とは大きく変わっていた。前年の一二月には昭和天皇が即位し、昭和時代が始まっていた。それによって国民の気分まで一新されて、世の中が明るくなり、四年前の関東大震災で壊滅状態となった首都東京も、ようやく立ち直りつつあった。翌一九二八（昭和三）年になると最初の普通選挙も実施された。

だが明るい出来事ばかりではなかった。一九二八（昭和三）年には、共産党員の全国的検挙となった三・一五事件、あるいは大陸における第二次山東出兵、済南事件、張作霖爆死事件といった出来事が相次いで起こった。翌年には世界的な大恐慌がはじまった。こうして経済不況が深刻な問題となって社会の不安が高まると、社会主義や共産主義の思想が浸透して過激な行動が起きることになり、それに対して政府が厳しく弾圧を加えるという構図が出来上がっていった。

日本を取り巻く国際環境も大きく変わった。第一次大戦を経て、ヨーロッパでは敗戦国ドイツ、オーストリアはもとより、戦勝国のイギリス、フランスも疲弊してしまい、それに代わってアメリカが新しい時代の最強国として国際舞台に登場してきた。ロシアも一九一七（大正六）年の革命を経て、その後七〇年にわたって社会主義のリーダーとして世界に影響力を及ぼすことになった。

一方、中国においては民族主義の動きが高まっていった。しかもそれは当初のように西洋列強に対してではなく、折から勢力を拡大する日本への抵抗という形をとるようになった。

日中対立の背景

なぜ中国と日本は敵対するようになったのか。その背景には、日本とアジアとの関わり方についての二つの対立する路線が関わっていた。

明治維新後、日本は近代化を進めるために、朝鮮や清国と一緒になって西欧の進出に対抗しようとした。ところが両国とも近代化には消極的で、共同歩調を取ることができないことが明らかになったため、日本は単独で西欧化による近代化を進めることにした。これが政府の「脱亜」近代化路線である。福沢諭吉が「脱亜入欧」を説いたのも、アジアの同胞が頼むに足らないと判断したからであった。これに対して、あくまでもアジアとの連帯を通じて列強支配に対抗しようとするのが、「興亜」路線である。この両者の違いは、その後の辛亥革命への対応において顕著になった。

日本は日清戦争で朝鮮を清国の華夷体制から切り離した後、ロシアの南下を阻止するために日露戦争を戦って勝利し、満洲と朝鮮を支配下に置いた。その間に清国内では、日本に学べといった風潮が急速に高まり、何万人もの若者が日本に留学して近代化の必要性に目覚めて帰国したが、彼ら留学組を中心とした近代化運動の前に立ちはだかったのは、腐敗した清国政府そのものであった。

孫　文

袁世凱

そうした中で一九一一（大正一五）年に辛亥革命が起こり、翌年一月、南京に中華民国臨時政府が樹立されて、孫文が臨時大総統に就任した。これに対抗するため清朝の朝廷側は北洋軍閥の実力者である袁世凱を内閣総理大臣に任命した。ところが袁世凱は革命派とも通じていて、孫文の要求を受け入れて宣統帝溥儀を退位させ、清王朝を滅亡させた。そして孫文の推薦により自分が第二代臨時大総統に就任し、一年後には初代の中華民国大総統となったのである。こうして中華民国は諸外国からも承認され、首都を南京から北京に移した。その後の袁世凱は革命派を弾圧する一方で、インフラ整備や軍備の充実などを通じて近代化を図り、一時は帝政を目指したが失敗して、四年後に病死する。

日露戦争を経て満洲の権益を手に入れた日本は、当然のことながら、袁世凱を支持して中国との協力関係を築いていくことになった。しかし、こうして既存の権力体制と手を組んだことで、日本政府は必然的に中国国内の革命勢力とは対立せざるを得なくなる。

日本は一九一五（大正四）年、第一次大戦中に、ドイツに宣戦して山東省などを占領し、さらに袁世凱大総統に対して、山東省の旧ドイツ権益の継承、旅順・大連の租借期限の延長、満蒙での権益要求などを内容とする対支二十一箇条要求を突きつけたのである。そのため英米からも抗議を受け、中国のナショナリズムを煽る結果ともなった。そしてこれを契機に、西洋列強は日本に対する警戒感を強め、中国における反日の気運も高まっていく。

翌年、袁世凱の急死によって中国は事実上分裂し、その後は誰も大陸全体をまとめられず、各地に軍閥が割拠して抗争を繰り返す時代に入った。以後、この混乱状態は、孫文の跡を継いだ蒋介石の北伐が終了する一九二八（昭和三）年まで一〇年余りにわたって続く。その間に日本政府は、北洋軍閥の流れを組む段祺瑞を支援して両国の関係強化を図ったが、そのため孫文を中心とする国民党革命勢力との対立はさらに深まることになった。

一方、日本国内で孫文の国民党革命軍を支援したのが、犬養毅、頭山満、宮崎滔天らのアジア主義者である。彼らはアジアとの連帯を強調する「興亜」論者で、反列強支配の立場から一貫して日本政府の対列強消極外交を攻撃し、中国や朝鮮との連携を訴えた。だがその主張は国策の主流となることはなかった。袁世凱や段祺瑞などの軍閥政権と手を組んでいた政府としては、国民党革命勢力の支援者とは対立するほかなかった。

日本は西洋列強に対抗してアジアの平和を確保することをねらったが、しかしそのためには、結局、自らも西洋列強の非平和的な手段を模倣しなければならないという矛盾した状況に陥ってしまったのである。そして、その後の日本の対外政策は、この矛盾した状況を抱えたまま、政府の「脱亜」近代化路線と在野の「興亜」思想とが絡み合いながら展開していく。

日本の満洲政策も、こうした二つの路線が複雑に絡み合った形で進められることになった。そこには列強と同様の権力による統治が見られる一方で、「王道楽土」や「五族協和」、あるいは支那事変後の「東亜新秩序」、大東亜戦争における「アジア解放」などといった、アジア主義に根ざした道義的感覚に基づく理念も見え隠れし、それが単なるスローガンという以上の役割を果たしているのである。

幣原外交の破綻

こうした中で、アメリカは日露戦争の直後から日本に対する警戒心を強め、第一次大戦後にはあらゆる手段を尽くしてアジアにおける日本の力を弱めようとした。一九二一～二二（大正一〇～一一）年のワシントン会議では、四ヶ国条約（日、米、英、仏）が締結された結果、日英同盟は破棄されることになった。さらに九ヶ国条約では、列国による中国の主権・独立・領土的行政的保全の尊重、列国の中国に対する門戸開放・機会均等が取り決められた。いずれも日本の中国への勢力拡張を阻止しようとするアメリカの政策を反映したものである。ただし、こうした条約による取り決めも列強の既得権益については是認することを前提としていたので、日本の満蒙における権益は保護されていた。

幣原喜重郎

こうして一九二〇年代の日本は、ワシントン会議を受けて、国際協調主義を機軸とした対アジア外交を進めていった。これがそれを推進した外務大臣幣原喜重郎の名を付した「幣原外交」である。

ところが、その一方で、中国は九ヶ国条約で保護されていた満蒙における日本の既得権益をも否認し、国際的取り決めを無視して、一方的な権益回復運動を展開するようになったのである。それまでの日本は、中国の民族自決運動は米英など西洋列強に対して向けられるものと考えていた。しかし、今や中国は強腰の米英に対しては妥協策をとり、もっぱら弱腰の日本を相手にして、敵対的なナショナリズムを高揚する姿勢をとるようになったのである。その結果、ワシントン体制の枠内で中国不干渉政策と既得権益擁護を両立させようとする幣原外交は行き詰まってしまう。そうした中で、ロンドン海軍軍縮協定をめぐって軍部に不満がくすぶり、閉塞感が漂う中で、右翼運動が活発化するとともに、青年将校による革新運動が盛んになっていった。

新渡戸の危機感

こうした時代の流れに新渡戸は強い危機感を抱いた。そこでこの国を何とかしなければならないとの思いに駆られて、さまざまな講演活動や執筆活動に取り組んだ。中でも力を注いだのは、早稲田大学で三年間にわたり週一回、毎回一千人以上の聴衆を前に行った科外講義である。彼の狙いは、日本人の間に西洋についての理解を深めさせることにあった。

彼は当時の日本人の中に、浅薄な知識だけで西洋をわかったつもりになる危うさを感じ取っていた。そこで、「とかく外国帰りの人達が、表面の一皮を見て、『西洋文明も高の知れたものだ。云々』というけれども、もう少し奥を見たい」と言って、この連続講義をはじめたのである。その講義内容をまとめたものが『内観外望』として出版されたが、その冒頭を飾る「新自由主義」と題する講義は、次のような前置きで始まっている。

「私もずいぶん長く生きているが、今日のように行き詰まった、暗黒な日本を見たことがない。いやしくも国を憂うるものは、政治家といわず、学者といわず、どういう心がけをもってこの時運に直面すべきか、この点を十分に考えてみたいと思うのである。」

新渡戸の見るところ最大の問題は、左翼的思想の浸透や行動の激化と、それに対する政府の弾圧にあった。若い頃から一貫してイギリス流の漸進主義を信奉し、フランス流の急進主義には批判的であった新渡戸は、外国から輸入した学説は、セオリーのみを重んじるので大変危険の多いものだと論じ、中でもマルキシズムを批判した。こうした見方にも、中庸を大事にする新渡戸の考え方がよく表れている。

新渡戸のもうひとつの狙いは、日本からの発信であった。日本人は西洋をよく理解していなかったが、西洋人の日本理解はもっと後れていた。そのことに危機感を抱いた新渡戸は、日本人に向けて西洋を紹介するかたわら、西洋人に向けても精力的に日本事情を発信することにしたのだ。こうしてロンドンで出版されたのが、英文による『日本人の特質と外来の影響』と『日本―その問題と発展の諸局面』である。

京都での第三回太平洋会議

一九二九（昭和四）年に京都で開催された第三回太平洋会議では、日本の太平洋問題調査会の理事長に就任した新渡戸が議長を務め、日本、アメリカ、中国、イギリス、カナダなどから約三〇〇名の代表が集まってさまざまな問題について議論が行われた。その中には満洲問題も含まれていた。当時の日本側の問題意識はもっぱら反日ボイコットへの対応であった。ボイコットとは単なる怠業の意味ではなく、暴力的な妨害行為のことである。

評議員会会長の渋沢栄一は体調がすぐれず会議には出席できなかったが、新渡戸に手紙を書いて、中国における反日ボイコット運動やそれを取り締まらない国民政府の態度を厳しく批判するとともに、会議ではこの問題も取り上げて討議するよう依頼していた。

会議の席上、中国代表の余日章は、日中関係に言及して「日本軍は種々好ましからざる態度をとり、北伐を妨げた。また張作霖の横死事件のごときは日本軍の最も重要なる計画で、すこぶる巧妙なる手段をもって行ったことは痛恨の至りである。中国は本事件に対して責任を負うことはできない」と主張した。

一方、満鉄副総裁を辞めたばかりの松岡洋右は、満蒙は日本人の血と金で獲得した特殊権益で、日本の生命線であると熱弁を振るった。これに対して中国の徐淑希（燕京大学教授、国際法・外交史専門家）は「日本側が主張する満洲における条約上の権益は、条約ないし協定そのものが無効である」と主張し、松岡を激しく攻撃した。そのため座が白けてしまったが、松岡は翌朝、見事な英語で原稿なしの反論演説を行った。その要点だけを記すと以下のような内容であった。

「李鴻章は露国の助力をかりて日本を倒さんとしたのであります。…中華民国の方々は日本に将来第二の李鴻章を決して出さぬという保障を与えることができますか。……スラブ民族は再建され……一層強烈なる力をもって極東に押し寄せ、再び海に向かって満洲を席捲するに相違ない。…このスラブの重来、この猛襲に対して支那はよく独力で北辺を守り、断じて再び日本の存在を危殆に陥れ、もしくは日本の国家的安泰を脅かすがごときことをなしとの首肯できるだけの保障を諸君は与えて下さることはできますか。……これら重要な諸点について、なんらか満足なる回答の与えられざる限りは、遺憾ながら、いわゆる満蒙問題解決の試みなどはいくら試みても、あまり多く歩を進め得ないと信じます」

松岡は満場の大拍手を浴び、新渡戸も彼の能力を激賞した。実は新渡戸も、前の晩に徐のところに押しかけて、胸倉を小突きまわすようにして彼の卑怯で非紳士的な態度を責めるなど、日ごろの温和な性格からは想像できないような芯の強さを発揮していたのである。

この会議に出席したイギリスの歴史家A・J・トインビーは帰国後、新聞記者に対して、「日本人が日露戦争で流した血と努力を想起すれば、満洲に日本が強い執着をみせるのは当たり前のことである。この日本人の心持ちを了解するにあらざれば到底満洲問題は解決しない」と語った。

こうして京都会議は無事成功裡に終了し、次回の第四回太平洋会議は二年後の一九三一（昭和六）年一〇月に中国の杭州で開催されることになった。

排日移民法提唱者の転向

この京都会議では、排日移民法の見直しについても一定の成果が得られた。この会議に出席して日本への理解を深め、新渡戸に説得されて日本びいきになった者が少なくなかったのである。中でもカリフォルニアの労働組合長として長い間アメリカで排日運動を指導していたアメリカ労働党のシャレンバーグは、来日中に日本の鉱山や労働者の住宅、労働組合の会合などを案内してもらううちに、掌を返すように自説を変え、一転して親日的になった。

新渡戸は後に一九三三（昭和八）年、一年間のアメリカ講演旅行を終えた後、東洋協会の会合で「米国人の東洋観」と題する講演を行ったが、その中でもこのことに触れ、「京都における太平洋問題調査会の一大収穫は、出席した米国人をほとんど例外なく親日家にしたことにあると公言して憚らない」と述べている。

実際、シャレンバーグはカリフォルニアに帰ってから、至る所で日本に有利な演説をして回った。その結果、アメリカ議会においても、排日移民法の廃止に向けた動きが具体化しようとしていた。

ところが、京都会議の二年後、満洲事変が勃発したのである。そのためアメリカ人の対日感情は一気に悪化した。アメリカ各地のジャパン・ソサイテーにおいても会員の脱退が相次ぐようになった。

それでも、シャレンバーグなどは満洲事変に対しても「日本が満洲を通して支那にその勢力を及ぼすのは、支那労働者の祝福であるのみならず、東洋平和の維持が日本の力に頼らなければならない」などといった、アメリカにはあまり受け入れられないような演説までして歩くほどだったという。

移民法見直しの動き

京都会議には親日家のアレキサンダーも出席していた。カリフォルニア切っての名望家で船会社の社長でもあるが、サンフランシスコ商業会議所会頭を務め、米日関係委員会会長として渋沢栄一とともに長年にわたって日米親善のために尽力してきた人物である。彼は自ら地元の大学に雄弁講座を寄付し、移民法撤廃の運動のために若い教授を雇ってあちこちで演説をさせて、排日移民法がいかに不正であり、アメリカ人の最大の過ちであるかということを訴えさせていた。

新渡戸は後にサンフランシスコでアレキサンダーと会った時、なぜそこまで熱心に日本のために尽くしてくれるのかと尋ねたことがある。すると彼は「渋沢さんの眼の黒い間にこの法律を撤廃して喜ばせたいと思ったのだが、それが出来なくて甚だ遺憾であった。せめて同子爵の霊を慰めるために、私の眼の黒いうちにこの仕事を成就したい」と情のこもった話をしてくれたという。

こうした経緯も踏まえて、新渡戸は後に、「もし第一に経済的不景気がなかったならば、第二に満洲事件のためにアメリカが反日的にならなかったならば、排日移民法案は一昨年（筆者註：一九三二年）撤廃されたに違いない」と述べている。

しかし、その後アメリカ政府が日本人の帰化権を認めるようになるのは、日本の敗戦から七年経った一九五二（昭和二七）年、移民国籍法（マッカラン＝ウォルター法）の制定により差別条項が撤廃されてからであった。

3　満洲事変から満洲国建国へ

満洲事変の勃発

満洲事変が勃発したのは第四回太平洋会議の直前、一九三一（昭和六）年九月一八日である。発端は奉天（現在の瀋陽）郊外の柳条湖において南満洲鉄道の線路が爆破されたことだった。関東軍はこれを張学良軍によるものと公表して軍事行動を開始した。一万数千人の関東軍は、二〇万とも三〇万人ともいわれた張学良軍を駆逐して、瞬く間に満洲全域を占領した。

この柳条湖事件は、戦後になって極東国際軍事裁判（東京裁判）での証言により、関東軍の謀略であったことが明らかになった。首謀者は関東軍高級参謀の板垣征四郎大佐と作戦主任参謀の石原莞爾中佐であった。天才といわれた石原には彼なりの長期的な戦略思想があった。将来の対ソ戦に備え、さらにいずれ不可避となる日米最終決戦に備えるためには、日本は満洲を支配下に置く必要があるという考えであり、その作戦が見事に成功したのである。当時、この真相は誰にも知らされていなかった。

事変の勃発後、若槻礼次郎内閣は直ちに不拡大の方針を決めた。そのため石原らは当初計画していた満洲領有を断念し、親日的な独立国家の建設へと向かっていく。

満洲事変が報道されると、国内では、政府の意に反して新聞各紙が軍の動きを全面的に支持し、それが国民世論を大きく盛り上げて、政府に対して強い圧力を与えていた。

これに対して蒋介石の率いる南京の国民党政府は、日本が「何らの挑発行為もないのに」満洲に侵入したと宣言し、いきなり国際連盟に提訴したのである。当時、中国においては、蒋介石の独裁傾向に反発した反蒋派が広東国民政府を樹立し、蒋介石の南京国民政府と対立していた。そうした中で、蒋介石は柳条湖事件を利用して広東政府に統一団結を呼びかけ、政権の強化を図ろうとしたのである。

当時の日本は、日中間の紛争は日中二国間で解決すべきものと考えていただけに、国際連盟への提訴はまったく思いがけないことだった。こうして、日中間の満洲問題が一気に国際問題化し、世界の世論が日本を非難する側に回ってしまった。これに対して国内のマスメディアや世論は一斉に反発し、国際連盟を敵視するような声さえ湧き上がった。

この問題は新渡戸を悩ませることになった。植民政策の第一人者として満洲の農業振興にも一役買っていただけでなく、国際連盟の事務次長を経験していたし、さらに太平洋問題調査会の理事長として国際的な対応の矢面に立たされることにもなったのである。

事変前の満洲で何が起こっていたか

新渡戸は満洲事変についてどのような見方をしていたのか。彼は「国際連盟は初めは過ったと断言したい。そしてその過ちは認識不足に帰すると断言したい」と述べた。そして満洲事変は「奉天の鉄道が破壊されたという九月一八日から突発したように思うけれども、それから遡って二〇年の歴史を見なければ、日本がなぜに今日の挙にでたかということが分からない」と論じた。

では事変前の満洲において一体何が起こっていたのか。柳条湖事件の直前の状況を整理してみると、以下のようになる。

満洲の実権を握っていたのは、張作霖の爆死後、父の跡を継いで奉天軍の指導者となった長男の張学良である。張作霖はもともと日露戦争当時に日本陸軍によって起用された馬賊出身の軍閥である。彼は日本との協力関係を保ちながら、満洲側から長城を超えて華北まで勢力をのばし、北京で北軍総司令として、南京から北上してくる蒋介石の国民革命軍と戦っていた。しかしこの戦いに敗れてしまい、日本側の呼びかけに応じて本拠地である満洲に引き揚げることになった。ところが、一九二八(昭和三)年六月、その途中で列車が爆破され死亡してしまう。これは日本政府の方針を無視した関東軍の一参謀の暴走であった。この時田中義一首相は「親の心子知らずだ」と漏らしたが、それ以上に軍の責任を追求することはなかった。
その後、父の跡を継いだ奉天の張学良は、一転して青天白日旗を掲げて蒋介石の国民党に忠誠を誓い、ソ連及び日本を相手に戦う姿勢を強めた。

彼はまず東支鉄道のソ連人従業員を国外に追放し、ソ連の鉄道管理権を接収するなど、ソ連を相手にその北満権益を一方的に奪おうとした。さらに国境地帯ではソ連軍との間に激しい戦闘を起こした。だがソ連軍の強大な軍事力の前に屈してしまう。すると今度は、ソ連よりも弱いと見られた日本に的を絞って、排日侮日運動を展開することになった。その結果、満洲における日本人企業に対する事業妨害や、日本人に対する略奪、殺害行為が頻発することになり、生命の安全を脅かされた在満日本人からは、軍の介入を求める声が高まっていった。

さらに、柳条湖事件の直前の一九三一（昭和六）年六月には、ソ連との国境付近を調査旅行中だった参謀本部付歩兵大尉の中村震太郎が張学良配下の軍に不法に捕らえられて銃殺されるという事件が起きた。七月に入ると、長春郊外の万宝山付近に入植した朝鮮人農民を周辺の中国人農民が襲撃するという万宝山事件が起きた。幸い死傷者はなかったが、事件が過大に報道された朝鮮では、各地で在留中国人に対する大規模な襲撃・暴動が発生し、そのためかえって中国側の反日気運が一挙に高まることにもなった。

国際連盟はこうした満洲の現状については知らされていなかった。だから新渡戸は、「国際連盟は初めは過った」と述べたのである。しかし彼は、これを連盟だけの責任に帰すわけにはいかないとも考えていた。なぜなら、日本側がこのような事情を直ちに説明しなかったからである。国際連盟の理事会にイギリス代表として出席していた政治家セシル卿も、「一方の代表

（日本）が、もっと多く発言し、他方の代表（中国）が、発言をもっと控えてくれていたならば、事の真理に、もっと迫ることが出来ただろうに」と語った。

当時の日本は、国際連盟は基本的に西洋の組織であり、日本にはあまり関係がないと考えていた。特に日中関係の問題については、当事者である日本と中国の間で解決すべき案件であると考えていた。それだけに中国が国際連盟に提訴したときには、まるで不意打ちを食らったように驚いたのである。しかも、日本政府は関東軍の行動について十分な情報を把握できず、国際機関への対応の仕方も知らなかったので、すべてが後手に回ってしまった。

新渡戸の問題意識

その間の事情について、新渡戸は一九三二（昭和七）年秋のカリフォルニア大学における連続講義の中で次のように説明している。少し長いが、彼の問題意識を理解するうえで大事な論点なのでそのまま引用する。

「紛争の真因は、さまざまな規約や条約の規定の下に確立され、世界の全列強諸国が承認した日本の満洲におけるこれらの条約権益そのものを、中国が否認しようとしているところにある。この試みを遂行するため、中国人は、日本人居住者を困らせたり、日本人の事業を妨害したり、できることならなんでもやりたかったのである。攻撃をしかけたのは手に負えない個人や集団であったかもしれないが、中国政府や国民党はそういう加害者たちを抑えようとはせず、扇動したりさえして、時には奨励したり援助を与えたりしている。日本人住民の数が少ない町や村では、彼らに対してあらゆる種類の侮辱と暴力が加えられている。直接行動をうまくかけられない場所では、事実無根の非難の言葉をビラやポスターに書き連ね、正当な仕事に従事している日本人に反対するよう中国人民の狂気と暴力を煽り立てている。よく知られている通り、ボイコットは、中国人が日本人居住者に対してしばしば行う排斥行為の一つである。彼らは日本人居住者に対して、日々の生活に欠かせない物品、たとえば、米とか他の食糧品でさえ売ろうとはしないのである。これらはすべて戦争に等しい行為であり、ケロッグ条約（筆者注：一九二八年にパリで一五ヶ国が調印した不戦条約のこと）の起草者たちが夢想だにしなかった種類の戦争行為である」

こうした状況の下では、日本政府として日本人居留民を保護するために必要な行動をとるのは当然のことである。にもかかわらず、この時期にアメリカ政府が中国寄りの外交政策をとったことが、国民政府の利権回復運動を勢いづかせることになった。軍事衝突はその必然的な帰結であったともいえる。日本としては中国の日本人居留民全員の引き揚げという現実には到底実現不可能な選択でも決断しないかぎり、軍事衝突を避ける道は残されていなかったのである。日本のマスメディアもこの問題の解決には武力行使もやむを得ないという論調が主流になっており、一般の日本人も同様の考えだった。

そうした時期に満洲事変が勃発したのであった。その結果、匪賊と変わりない張学良軍閥は関東軍によって駆逐され、それまで軍閥が割拠して無法地帯となっていた満洲の治安は大きく改善された。こうして関東軍によって治安が確立されたことは一般民衆からも歓迎されていた。

満洲事変直後の第四回太平洋会議

満洲事変が勃発したため、杭州で開催予定だった第4回太平洋会議は、治安の必要上から場所を上海に変更して、一〇月二一日から一一月二日まで開催されることになった。

東京を発つ前に、新渡戸は飛鳥山の自宅で病床に臥す渋沢を訪問した。「明後日発ちます」といって名刺を置きにいったつもりだったが、取り次ぎの者から「渋沢がぜひ会いたいと言っている」と言われ、病室に入った。すると渋沢は「今度の会議では満洲問題が必ず出るだろう。そういう時には十分に日本の立場を弁明してくれ」と述べ、さらに「アメリカ人も大勢来るから、移民問題について再びアメリカ人の反省を促すように」と子供にでも言い含めるように頼んだ。

神戸に着いた新渡戸は、『英文大阪毎日』の〈編集余録〉に「弟からの自己反省の勧め」という一文を載せた。それは、中国人に対して、「自分自身の落度の結果で他を責めるのは、もっとも無益で臆病な仕業である。……あなたが今家の中で悩んでいることは、帝国主義のせいでも、治外法権のせいでも、不平等条約のせいでもない——あなた自身のやりそこないと欠陥のせいである。兄よ、内を省みなさい、そこにこそ現在の問題があるのだから」と忠告するものであった。

上海に着くと、この国際的居留地においてもいたるところに「日本人を殺せ」、「日本商品をボイコットせよ」といった反日ポスターが溢れていた。ここで新渡戸は、次のような「戦争のうわさ」と題する一文を書いて送った。

「この地域（上海）で平和について語るのは、目下流行ではないことは、私はよくよく心得ている。……日本は気軽に戦争をするには余りにも不幸な経験をこれまで味わってきた。かりに日本が本当に好戦的だったら、その隣国から、こんなに永い間グズグズと中傷されて、辛抱しはしないであろう。……議長殿、果てしない戦争について語らないでいただきたい。教室でやるような演説にふけることは、閣下の威厳にならない。……さあ、道理をわきまえよう。友だちとなろう――そして友だちとして、一方には感情にかられて取り上げた武器を下ろさせよう。他方にはその約束に恥じない行動をとらせよう」

会議には十ヶ国を代表する二〇〇人の委員が参加した。会議では満洲問題は議論しないことで事前の合意が得られていたにもかかわらず、渋沢が懸念したとおり、中国の代表として議長を務めた胡適は、「太平洋会議が正式に開会出来なかった理由は、日中間の事実上の戦争によるものであって、中国国民はこの屈辱に対して憤懣を感じている」と述べて、日本を批判した。そうした険悪な雰囲気の中で、日本代表団の団長である新渡戸は、「太平洋会議が実を結ぶのは善意と和解の精神で行われる場合だけである」との立場に立って、「日本と中国がお互いに正しく認識しあうことが、将来の世界のために、いかに重要であるか」を諄々と説いて、満場の拍手を浴びた。

その後も円卓会議において、中国側委員の陳立廷が「英米はすでに治外法権撤廃を原則的に承認しているのに、日本は独り反対しているのは満洲があるためである。日本の態度はいかにも軍国主義的である」と日本を強く非難した。これに対して新渡戸は、「陳立廷の言辞は日本を侮辱するものである。このような言説は本会議の効力を逆用するものだ」と抗議し、英米側の委員も、治外法権そのものは必ずしも侵略的なものではないと主張した。

結局、陳立廷はこれらの抗議や意見を受け容れて、「自分の言説中に、ある国を侮辱したことがあるならば、それは真意ではないからお詫びする」と陳謝し、新渡戸も、日本の参加者を代表して中国の陳謝を受け入れて、この問題は収まった。最後に議長の胡適が、「会議は予想外の成功をもって終わったことを喜ぶ」という趣旨の挨拶を述べて、会議は閉会した。

新渡戸が帰国して三日後、渋沢栄一は日本の将来を案じながら息を引き取った。九一歳であった。

幻の満洲訪問

この上海会議が終わりに近づいた一一月二日、満洲の本庄繁関東軍司令官から新渡戸宛に、満洲を視察のうえご意見を伺いたいという趣旨の丁重な電報が届いた。この電報に接した新渡戸は看護婦を同伴してきた程体調が悪かったが、祖国のために役に立つならと承諾の返電を出そうとした。しかし代表団内でかなり強硬な反対があり、議論を重ねた結果、病気を理由に上海からの帰途満洲に回ることはできないと返電することになった。代表団の一員で、後に満鉄審査役となる金井清は、このことを「返す返すも遺憾である」と追憶している。

満洲国の建国

柳条湖事件を起こした関東軍は、当初は満洲の領有を目指していたが、事変後は方針を変えて、独立国家の樹立を目指すことにした。これも本国政府の意に反するものであった。だが現地では関東軍の働きかけもあって、反張学良の有力者たちが各地で政権を樹立し、蒋介石の中央政府からの独立を宣言した。これを受けて日本政府も独立国家の建設工作を追認することになった。

　こうして事変勃発から半年後の一九三二（昭和七）年三月、清朝最後の皇帝（宣統帝）だった溥儀を執政とする満洲国の建国が宣言された。建国の理念として掲げられたのは、日本人、漢人、朝鮮人、満洲人、蒙古人による「五族協和」と「王道楽土」であった。執政に就任した溥儀も満洲建国に意欲を燃やし、納得ずくで日本と手を組んだのである。二年後に満洲国は帝政に移行し、溥儀は皇帝となった。戦後の東京裁判において溥儀は、「自分は日本に利用されただけだった」と証言しているが、自己保身のための発言としか思われず、額面通り受け取るわけにはいかない。

　しかし、満洲国の建国に向けて献身的努力をした人たちがどれほど高い理想と情熱に燃えていたとしても、実際に満洲国を建国するとなると、彼らの純粋な思いを超えて日本の軍部、官僚、財閥などの力が大きな影響力を持つことになり、当初の理想とは乖離していく。その結果、満洲国においては、ヨーロッパ的な権力主義に基づく植民地統治という考え方と、それに抵抗しながら日本的な道義意識に基づいて「五族協和の王道楽土」を目指す考え方とが混在することになった。

溥　儀

　この満洲国を中国は「傀儡国家」あるいは「偽満洲国」などと批判する。だがそれは中国の侵略史観に基づいた常套句に過ぎない。客観的に見れば、この政情不安定な地域において弱い国が独り立ちするには、日本が保護育成する以外には方法がなかったということであろう。

4　新渡戸の軍部批判

軍部の独走とジャーナリズムの扇動

新渡戸は、満洲事変における当初の日本軍の行為を正当なものと認めていた。しかし、軍部の行動をすべて支持したのではなかった。その後の軍の独走には批判的であった。

柳条湖事件から二〇日後の一〇月八日、関東軍は政府の事態不拡大方針を無視して、張学良の本拠地である錦州を空爆した。この軍事行動によって、日本は満洲に領土的野心を持っているとみられることになった。これを契機に国際連盟は、加盟国でないアメリカをオブザーバーとして招くことにし、その後の理事会で「日本軍の期限付き撤兵案」を採択した。だが、勢いづいた軍部はそこで止まらず、さらに一九三二（昭和七）年一月には上海事変にまで発展してしまう。

上海事変の発端となったのは、一月一八日、上海において日本人の日蓮宗僧侶が托鉢中に殺害されたことであった。事件が起こると現地からは上海居留の日本人三万人の安全を守るため海軍陸戦部隊だけでは対応できないとして、陸軍の派遣を要請してきた。政府内では慎重論もあったが一個旅団を派遣すると、中国側は七万人の兵を集めていて、一月二八日に最初の軍事衝突が発生し、激戦となった。そこでさらに白川義則大将を軍司令官とする増援部隊を派遣すると、中国軍は総退却して、三月三日に戦闘中止を宣言した。

この上海事変に関する政府の説明は、新渡戸にとってまったく受け入れがたいものだった。新渡戸は〈編集余録〉において、ドイツの歴史家モムゼンがローマ人の征服の歴史について述べた「剣によって得られたものはなんでも剣によって奪われるだろう。しかし鋤で得たものはなんであれ、決して失われることはない」という言葉を引用して軍部を批判した。

新渡戸は軍部に批判的なだけでなく、ジャーナリズムの扇動による過激な世論の高まりに対しても危機感を募らせていた。満洲事変が勃発すると、朝日新聞、大阪毎日新聞はじめ各紙とも莫大な予算を使って記者・特派員を派遣し、軍の動きを全面的に支持するような記事を書いては国民世論を煽った。それがまた政府に対する強い圧力となっていった。

松山事件

こうした状況の下で松山事件が起きた。満洲事変勃発から四ヶ月たった一九三二（昭和七）年二月四日、新渡戸が松山市に講演に出かけた時のことである。その一週間前に上海事変が勃発したばかりであった。

講演に先立って宿泊先の旅館で地元の新聞記者たちと懇談した新渡戸は、記事にはしないという約束で記者たちの質問にも答えた。ところが、その内容が翌日の地元新聞で報道されてしまったのだ。海南新聞が報じた新渡戸の発言内容は、次のようなものであった。

「近頃、毎朝起きて新聞をみると、思わず暗い気持ちになってしまう。わが国を滅ぼすものは共産党か軍閥かである。そのどちらが恐いかと問われたら、今では軍閥と答えねばなるまい。軍閥が極度に軍国主義を発揮すると、それにつれ、共産党はその反動で益々勢いを増すだろう、共産主義思想はこのままでは漸時ひろがるであろう」

「国際連盟が認識不足だというのか？だが一体誰が国際連盟を認識不足にしたか？　国際連盟の認識不足ということは、連盟本部が遠く離れているのだからそれはあるだろう。しかし日本としては当然国際連盟に十分認識せしめる手だてを講ずべきではなかったか？　上海事変に関する当局の声明は全て三百代言的という外はない。私は、満洲事変については、我らの態度は当然のことと思う。しかし上海事変に対しては正当防衛とは申しかねる」

たとえオフレコにしても、当時の状況下ではかなり勇気のいる発言であった。それが大きく報道されてしまったのである。懇談のはじめに記者たちからの強い要望があり、「書かないという誓約ができるなら」といってようやく口を開いたのだったが、海南新聞の記者がやってきたのは、話が始まったあとであった。

海南新聞は、さらに翌日の社説で、「新渡戸氏の奇怪な主張」と題して、「われらは日本国民として、今日の時局、今日の国際的環境において、貴族院議員新渡戸氏の口より、この言を聞くことは、はなはだ意外とせざるを得ざるとともに、その不謹慎と不用意と、非常識を深く遺憾とする」と述べて新渡戸を批判した。

さらにその翌日には、「新渡戸氏のために惜しむ」と題して、「たとえ軍閥の仮称にかくれたりといえども、ともかく光輝あるわが帝国の軍隊を目して、極悪危険わが国体と、絶対に相容れざる共産党と同一視し、しかもいわんや、その共産党よりは、むしろ一層軍部が国家の禍であるかのごとく公言するに至っては言語道断といわねばならぬ」と述べたのである。

窮地に追い込まれた新渡戸

しかし新渡戸も沈黙してはいなかった。松山での発言が新聞に報道された直後、『英文大阪毎日』〈編集余録〉で「言論の自由」と題して次のように述べた。

「大国を治めようとする人々は、市民同胞の率直な意見を求めねばならぬ。他人の口に口かせをはめるのは、自分の耳を聾にすることである。他人を不具にすれば、自分も片輪になるのである。口の無い人々と耳の無い人々から成っている国とは、なんとも恐ろしい国にちがいない。」

だが海南新聞は、その後も新渡戸に対する執拗な攻撃を続けた。「新渡戸氏の自決を促す」と題する社説で、「新渡戸氏たるもの、潔く与論に聴従し、そのすべての公職を辞して、謹慎の意を表すべきである」との主張を展開したこともあった。

その後は、新渡戸の責任追及の声が高まるなか、軍の上層部まで巻き込んで事態の収拾策が図られ、一件落着するかに見えたが、今度は帝国在郷軍人会が騒ぎ出し、結局、新渡戸は不本意ながら、東京で開かれた帝国在郷軍人会評議員会の場で、「私の言葉のたりなかったことから世間を騒がせてしまい、誠に申し訳ない。私は諸君に対して陳謝する」と頭を下げざるを得なくなってしまう。するとそれをまた「カブトを脱いだ新渡戸博士」と大見出しで報じられてしまい、そのことで彼の自由主義者としての評価が大きく傷つけられることにもなった。

当時は、折から世界恐慌の影響下で、ドイツやイタリアではファシストが勢力を伸ばし、日本では二大政党による対極的な内政外交政策が交互に繰り返される中で、不況から抜け出せないことへの不満がつのっていた。そうした中で、政党に見切りをつけた軍部が勢力を拡大しようとしていた。そのような時期だけに、新渡戸の軍閥批判発言は「暴言」として、たちまち愛媛県在郷軍人会や右翼からの激しい糾弾を浴びることになったのである。

それだけでなく、暴力に訴えて言論を封じるような事件も相次いで起こっていた。新渡戸発言の数日後、二月九日には、国家主義者のテロリスト集団である血盟団により、日銀総裁、大蔵大臣を歴任した民政党総務の井上準之助が暗殺され、三月五日には、三井合名会社理事長の団琢磨が暗殺された。さらに五月には五・一五事件が起きて犬養毅首相らが暗殺されている。

新渡戸に言わせれば、一国が他国からうける評価を下げるものでテロリズム以上のものはなかった。テロリズムはその国がまだ野獣的暴力の支配下にあることを示すものにほかならないからである。

5　アメリカ世論との対決

アメリカへの講演旅行

松山事件の後、この年に七〇歳を迎える新渡戸はあえて辛い役割を引き受けることになった。一九三二（昭和七）年四月から一年間、対日感情の悪化するアメリカに講演の旅に出かけることになったのである。その前の三月一日には満洲国の建国が宣言されていた。

訪米の目的は、満洲問題についての日本の立場を説明し、アメリカの誤解を解き、反日感情を和らげることにあった。

アメリカは国際連盟には加盟していなかったが、一九二一（大正一〇）年のワシントン会議以降、中国のナショナリズムを支持し、事あるごとに中国大陸における日本の勢力を抑え込む政策をとっていた。アメリカ世論も中国に対して非常に好意的で、日本の行動を激しく非難していた。義和団事件の賠償金などによりアメリカ国内に受け入れた多数の中国人留学生も、アメリカの世論形成に大きな役割を果たしていた。中国で布教活動を行っていたアメリカ人宣教師たちが帰国して展開していた親中反日の宣伝活動の影響も大きかった。

当時の駐米大使出淵勝次は、満洲事変勃発後、一貫して日本政府の不拡大方針をアメリカに伝えてはいたが、現地の関東軍の行動がそれとことごとく異なるため、立場を失っていた。そこで、日本としては国際連盟で自己の立場を説明するだけでなく、アメリカの世論に対しても働きかけなければならなくなったのである。だがこの時期に軍部に対抗しながら日米関係改善の重要な役割を担えるのは新渡戸しかいなかった。こうして政府からの要請を受けての訪米だったが、本人の希望により太平洋問題調査会理事長という民間人の立場で渡航することにした。

新渡戸にとってアメリカを訪問するのは、一九一九（大正八）年に後藤新平に随行して第一次大戦後の欧米視察に出かけた時以来、実に一三年ぶりのことである。その間にアメリカでは一九二四（大正一三）年に日本人移民を禁止する排日移民法が成立し、日米関係は一気に悪化していた。新渡戸もこれには憤慨し、排日移民法が撤回されるまでは「二度とアメリカの土を踏まない」と公言していた。その固い決意を破ってアメリカに渡るのである。それは、自分の主義主張を曲げることになるだけでなく、軍部に屈服したと誤解される恐れもあった。しかし、日米関係がこれほどまでに悪化し、危機的な状況に陥っているとき、自分の個人的な権威や体面にこだわって傍観していることは許されなかった。

四月一四日の出発当日、新渡戸が校長を務める女子経済専門学校の生徒たちも横浜まで見送りにきたが、彼女らに新渡戸は次のような話をした。

「今度の旅行はまるで闇の中へ行くような気がする。行ってもうまくゆかないかもしれない。非常にむずかしい仕事である。しかしながらこうした時に行くのこそ、いわゆるやむにやまれぬ大和魂である。」

全米向けの演説と厳しい反応

アメリカに渡った新渡戸は、全米各地を回って、一年間に一〇〇回を超える講演を行った。各界の指導者との個人的な意見交換も行った。

ニューヨークにおける講演では、「日本は中国の安定以外の何物も望んでいない」と述べ、「米国の人々が全ての事実を知ったなら、日本が世界の平和を望んでいると分かるに違いない」と締めくくった。翌日はラジオのコロンビア放送から全米に向けて「日本と国際連盟と平和協定」と題する演説を行った。

首都ワシントンでは出淵大使とともにフーバー大統領を表敬訪問し、スティムソン国務長官とも会った。スティムソン国務長官が「不戦条約に違反するいかなる行動も認めない」として日本の満洲政策を非難したことに対しても、新渡戸は再びCBSラジオで、スティムソンの主張は不戦条約の効力を遡及して日本に適用しようとするものであって無効であると反論し、日本の立場を三〇分間にわたり説明した。

新渡戸が特に強調したのは、第一に、不戦条約が調印された際、「自衛権の行使は禁止されていない」ことが了解されていたこと、第二に、満洲事変の原因となった「ボイコット」は、武力によるものではないが、生命財産に対する直接的な脅威であり、実質的には戦争行為である。したがって、日本の軍事行動は「国家政策の手段として」ではなく、「自己防衛の手段として」とられたもので、不戦条約に違反するものではなかったということ。第三に、スティムソン宣言が発表されたのは一九三二（昭和七）年一月であるにもかかわらず、それを４ヶ月前に起こった満洲事変に遡って適用しようとしていることである。

こうした問題点を指摘して、新渡戸は、「日本は、不戦条約の侵害者と呼ばれることに、深い悲しみを覚えている。日本は、同条約の規定内で行動してきた、と主張する。日本は非平和的な手段に訴えたが、それは、国家政策の手段としてではなくて、自己防衛の手段としてであった」と述べた。

その後も新渡戸は各地で講演を続けた。そこで披露される彼の識見と蘊蓄は、アメリカ人やカナダ人の間に日本の国情や日中間の紛争の真相を理解させ、好印象を与えるものであった。その結果、それまで反日的な意見を持っていた人が、新渡戸の話を聴いて親日家になるといった例も少なくはなかった。

ニューヨークでの新渡戸

しかし同時に、行く先々でアメリカのマスメディアや知識人から厳しい非難の声を浴び、新渡戸は軍部に妥協し満洲政策を支持したと誤解されることにもなった。中でも平和主義を唱えるクエーカーの人たちから批判的に見られたことは、新渡戸にとって特に辛い経験であった。

またアメリカでは、中国から休暇をとって帰国した三〇〇～四〇〇人ものアメリカ人宣教師たちが活発な反日宣伝活動を行っていたが、その一方で、日本から帰国した宣教師もいて、その人たちは日本の大義名分を支持してくれていた。それを見て新渡戸は、「彼らの公正と明敏、冷静な判断と広範な理解に、非常な感銘を覚えた」。

新渡戸は、そもそも「宣教師が紛争に入りこんではいけない――彼らがその結果に責任をもたぬ場合は、いっそうそうである」と考えていた。平和の福音を説く人は、「戦いに超然として」いなければならず、政治問題に関わりをもってはならないというのが、新渡戸の信条であった。

アメリカのさまざまな顔

ある時は、アメリカ在住の日本人たちから勇敢で信頼できる人物として称賛されていたアメリカ人に出会い、嬉しく思ったことがあった。このアメリカ人は、日本の満洲での行動がアメリカの新聞で猛烈に叩かれているとき、「筆に言葉に、日本の動機を説明して、日本の名誉を弁護してくれた」のである。新渡戸がそのことに対して礼を述べたところ、彼からは「私がしようと思ったことは、私自身の国の人たちを教育して、正確に考え、正しく判断できるようにするためです。私が尽くしたのはアメリカ人の為であって、日本人の為ではありません。私のしたことが日本の為にもなったとすれば、それにこしたことはありません」という返事が返ってきたという。

新渡戸はアメリカの中で平和を願う感情が高まっていることにも注目して、「生涯において私は何度かアメリカへ旅行したが、これまで、今ほど平和への本当の願いが強かったのに気づいたことはない。当地の人々は、大戦の恐怖と悲惨な結果を忘れ去っていない」と述べている。

スティムソン国務長官の意見に対してCBSラジオの放送で反論した時には、多くのアメリカ人が新渡戸の発言に耳を傾け、感情抜きで、理性的に、賛否それぞれの意見を述べたのであり、そこには自由と民主主義を示す徴候が見られると感じていた。そもそも国務長官の演説に対して反論する機会を与えられたこと自体が、アメリカの放送ジャーナリズムの公正さを表すものであった。

国際連盟に対するアメリカ人の態度も変化しているように思われた。その理由は、重要な国内問題は他の国々を抜きにしては解決できないことをアメリカ人が学びはじめたからであった。そうした状況を見て、新渡戸は、民主主義というのは事実を見出すのに時間がかかるということを再認識させられた。同時に、「満洲に関するアメリカの世論も、事実がもっとよく知られれば、五〜六年のうちに変化するであろう」という期待も高まった。

日米間の認識ギャップ

満洲問題に関する新渡戸の考え方の核心をなすのは、第一に、当時の「支那大陸は無政府状態にある」という現状認識であった。アメリカ人はこの点をよく理解していなかった。その理由を新渡戸は、「支那人は宣伝が最も得手であり、反対に日本人は最も不得手である」ためであり、その違いは「支那人が語学の才があり、交際の術に富み、嘘をつくことができる」のに対して、日本人はそれができないからだと説明する。

すなわち彼が言うには、アメリカ人は良い意味で単純であり、誰とでもすぐに親しくなる。そのため宣伝にも乗せられやすい。だから蒋介石が日本軍は「何らの挑発行為もないのに」突如として満洲に侵攻したとして国際連盟に提訴すると、アメリカ人はそれを信じてしまうのだ。また中国人は至るところで「我が共和国」という言い方をする。そのためアメリカ人はつい自分の国と同じようなものだと思ってしまい、その実態がどれほど共和国からかけ離れたものであるかを理解することができないというのである。

第二は、南満洲の日本の権利はポーツマス条約に基づいてロシアから譲り受けたものであって、直接中国から奪取したものではないということである。したがって、新渡戸は「道徳的な主張はわきに置くとしても、条約を通して得た法的な諸権利は残る」と述べ、「紛争の真因は、さまざまな規約や条約の規定の下に確立され、世界の全列強諸国が承認した日本の満洲における条約権益を、中国が否認しようとしているところにある」と主張する。

第三は、ロシアの進出による脅威であった。この点について新渡戸は、「とかく米国人は満洲問題を論ずるにロシアを抜きにする傾向がある。しかるに満洲問題はその根底においてむしろ日露問題であることが明かである」と考えていた。日本人にとっては自明のことだが、アメリカ人にはそうした視点が欠けていたのだ。そして、次のように述べている。

「日本の領土が、他の列強諸国によって絶対に安全だと保障されぬ限り、日本は、最悪の場合に備えねばならない。日本は、満洲が、まさに攻撃されやすい地点であると考える。もし、この地域が、ロシアの侵入に対して自らを守れるほど強力ならば、日本にとっては本当に有り難いことだ。ところが、現在のところ、この地区の名目上の所有者である中国は無力である。」

なぜ日本は軍事力に訴えるのか？

しかし新渡戸は、こうした理由だけでは軍事的支配を正当化できるとは言い切れないとも考えていた。そこで彼はこう問いかける。

「われわれは満洲を必要としているが、それは防衛的な理由であれ、経済的な理由であれ、それだけで軍事的な支配をしてもよいということにはならない。……では、なにゆえに、われわれは軍事力に訴えるのか？」

この問いに対して新渡戸は次のように答えている。

「率直に言って、それでは、他のどのような方法を、われわれは今日の状況下でとりうるのだろうか？……わが国の多くの同胞が、いま中国大陸で生計を営んでいる。彼らの生命と財産は常に脅威にさらされているが、中国政府には、それらを保護することが出来ない状態である。このような情勢下に置かれれば、あなたがたでも行動を起こすであろう。そして、われわれもまた、同じように行動を起こさざるを得ないのである。」

満洲国が日本の傀儡であるとの批判に対しても、新渡戸は、「満洲国が日本の援助で設立されたことは誰も否定しない。新しい国々が他の国々の援助を受けて設立されることは、世界ではありふれた経験である」と述べて、パナマ独立時におけるアメリカの援助、モンゴル人民共和国に対するソ連の援助などの例を引き合いに出しながら、日本の立場を擁護した。

独走する軍部

満洲問題に対するこうした新渡戸の考え方は、当時の日本政府の見解でもあり、また当時の日本の識者の一般的な認識でもあったとみてよいだろう。だが、問題は軍部であり、軍部や世論を無責任に煽る視野狭窄のマスメディアであった。

新渡戸の見るところ、満洲事変は満洲の実権を握る張学良の軍閥との戦いであって、それは相手方の攻撃に対する正当な権利として容認される自衛行為であった。しかし、上海事変のほうは、漢民族の地である中国本土内での中国軍との戦いであって、自衛行為の範囲を超えていた。

新渡戸がアメリカで懸命になって日本の立場を説明している間にも、その努力に水をさすようなことが起こった。日本の陸軍が熱河省に侵攻したのである。熱河省は万里の長城の北に位置する満洲地域の一部である。したがって、日本から見れば、これは満洲国内で反抗を続ける張学良に対する軍事行動ということにはなる。しかし、満洲国を認めるかどうかが問題となっている最中にこのような新しい戦争をはじめるのは、日本の立場を一挙に悪化させることになるのは明らかである。それだけでなく、リットン調査団報告に基づいて連盟から非難勧告を受けたならば、新たな軍事行動は連盟規約違反とみなされて経済制裁を受ける可能性すらあった。

しかし、熱河作戦はすでに一月の閣議決定を受けて天皇の裁可を得ていた。あとで事態の深刻さに気がついた斎藤実首相は、二月八日、天皇のところに駆け込んで、熱河作戦を了承した天皇の裁可を取り消してほしいと頼んだ。しかし、ここで侍従武官や元老西園寺公望は、そのようなことをすれば天皇の権威が失われるばかりか、陸軍は公然と天皇に反抗しはじめるだろうとして、天皇に対して首相の要望を許可しないよう助言したのである。天皇は自分の考えを通すべきかどうか大いに悩んだが、立場上彼らの助言に従うほかなかった。そこで斎藤首相はやむをえず、連盟から除名されるという不名誉を避けるためには、最悪の場合は連盟脱退もやむなしとの覚悟を決め、二月二三日、日本軍は熱河に侵攻したのであった。

国際連盟からの脱退

熱河侵攻の二日後、国際連盟総会において、リットン調査団の報告に基づく十九人委員会による報告案の採択が行われた。

当初のリットン報告書は、日本が期待したような満洲国の独立を承認するものではなかったとはいえ、満洲における中国側の不法行為によって日本の安全が脅かされていた事実を認め、満洲における日本の権益を承認しようとする内容であった。それに対して中国も賛成したが、日本は満洲は日本の生命線であると論じて反対したのである。そこで改めて十九人委員会において総会に提出する報告案を取りまとめることになった。ところが、十九人委員会でまとめた報告案は、小国の意見を強く反映したもので、満洲国の存在を完全に否認し、中国側の排日ボイコットについては限定的に解釈し、満洲事変の全責任は日本側にあると断定するなど、当初のリットン報告書よりもさらに日本にとって不利な内容となった。そのため日本はこれを受け入れず、その後も妥協案の作成に向けた努力がなされたが、結局、日中間の溝は埋まることなく、最後は総会での決議に持ち込まれたのである。

リットン調査団

松岡洋右

採決を控えて、松岡洋右首席全権代表は、多少の妥協はやむをえないとの考えを政府に伝えていた。だが、政府部内では外務大臣の内田康哉が一切の妥協を許さない強硬姿勢を貫いたため、日本政府は国内世論の強い反対を背景にその受け入れを拒否することになり、松岡代表は国際連盟の会議場から退場したのである。

会議場から出たとき、松岡は「俺は完全に失敗したよ」と新聞記者に語った。そしてその一ヶ月後、日本は国際連盟に対して正式に脱退を通告した。

ところがその後、意気消沈して帰国した松岡代表を待っていたのは、意外にも国民の歓呼の出迎えであった。かつてロシアを相手に難交渉の末にポーツマス講和条約の締結にこぎつけた小村寿太郎外相が、国民の轟々たる非難に身の危険を感じて、厳重警戒のなかをひっそり帰国したのとは正反対である。だが問題の本質はまったく同じであった。狂信的な国民世論を煽った新聞や雑誌など、視野狭窄のジャーナリズムの責任は重大である。

「見る人の心ごころにまかせおきて……」

新渡戸はもともと軍部には批判的であったが、今回のアメリカ講演旅行では、逆に軍部のお先棒を担いだとみられ、多くのアメリカ人を敵に回す一方、国内では自由主義者たちからの支持も失うことになった。しかし、新渡戸に対する批判がどれほど的外れであるかは、その間の彼の講演や執筆活動の内容を見れば自ずと明らかである。その間の新渡戸の主張は一貫していてぶれがない。

偏っていたのは中国の言い分であり、それを鵜呑みにしたアメリカ人であった。そのような状況下で、新渡戸はアメリカ人の誤解を解くために日本と日本人についての正確な情報を伝え、そのために公の場で事実に基づいた反論を展開した。それは誰もが尻込みするようなむずかしい仕事であり、重い責任を伴う仕事だった。

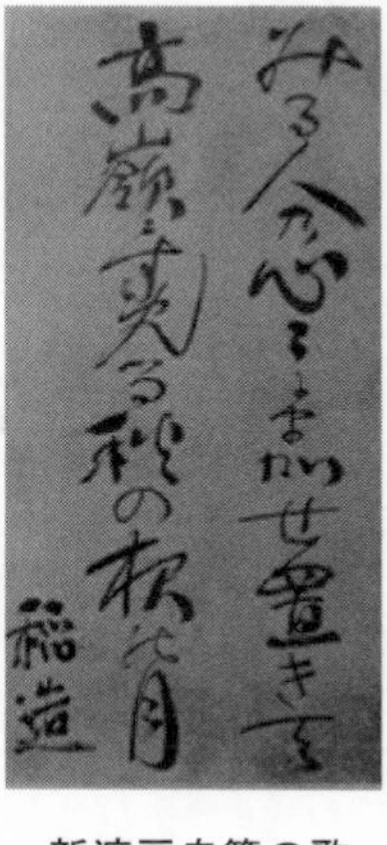
新渡戸自筆の歌

新渡戸を支えていたのは、国のために尽くす、公に奉じる精神であった。祖国日本が危機に瀕しているとき、これを救うために努力するのは日本国民として当然の義務であると考えていた。平和を切望する天皇のために最善を尽くすのが自分の義務だと信じていた。これこそ、「ノブレス・オブリージュ（高貴な身分に伴う義務）」の精神にほかならない。しかし、新渡戸はこうしたことについて一切弁明していない。彼が好んだ次の古歌だけが、その心境を伝えてくれる。

「見る人の心ごころにまかせおきて　高嶺に澄める秋の夜の月」

こうして新渡戸は、一九三三（昭和八）年三月二四日、アメリカから帰国した。一二月に心臓発作を起こしたメリー夫人はまだ旅行できるような健康状態ではなく、付き添い看護婦とともにカリフォルニアに残った。

6　不寛容な国際社会への警鐘

「連盟は過ちを犯した、日本も……」

新渡戸は日本が国際連盟を脱退したことをどのように受け止めたのだろうか。当然、このことを残念に思ったであろう。だが、新渡戸の見方はもっと冷静である。日本が国際連盟を脱退したことは日本の孤立化に拍車をかけることになったが、他方、それは国際連盟の弱体化を意味するものでもあった。

新渡戸は「連盟は過ちを犯した」と考えていた。現実の国際社会は多くの既成事実の積み重ねの上に成り立っている。そのことを無視しては現実問題の解決は難しい。ところが連盟は、現実の平和を確保することよりも、実際には適用できない法理論にこだわり、結果として双方の妥協に基づく現実的な解決策を打ち出せなかったと見ていたのである。

新渡戸はこうした連盟の群集支配を憂い、「連盟によって大きな誤りと悪が犯されたことを残念に思う。連盟は政治機関であって、法的機関でないことを、連盟は明かに忘れていた」と述べる。

それにしても、新渡戸がこれほどあからさまに国際連盟を批判するとは意外な感じがしないでもない。だが、彼の見方は連盟の問題点の本質をついている。その後の連盟は、権力という要素を無視してユートピアのような理想論に走り、その結果、ドイツ、イタリアが脱退し、ソ連がフィンランドを侵略して除名され、現実の国際紛争を解決する力を発揮できなくなるのだ。日本が国際連盟を脱退したことは、日本の孤立化に拍車をかけるだけでなく、国際連盟の弱体化を意味するものでもあったのだ。現実を無視した理想論だけでは平和は守れないのである。他方で新渡戸は、日本も間違いを犯したと考えていた。なぜなら、連盟に日本の立場を理解させることができなかったからである。

一九三三（昭和八）年三月、アメリカから帰国した新渡戸は帝国ホテルで開かれた日米協会主催の昼食会において、自分は諸外国が日本を一方的に非難するのは日本についての誤った報道のためであると語ってきたが、他方、「日本人はこの国を他の国々に理解してもらおうと努めてこなかった。日本に関する知識が不十分なのは、諸外国人々の過誤とばかりは言えない。それは私たちの過失である」と述べている。

その後、東アジアにおいては日中間で和平交渉が続けられ、一九三三（昭和八）年五月、塘《タン》沽《クー》停戦協定が締結された。これで満洲事変は一応終結し、日中関係はひとまず安定化に向かうことになった。塘沽協定は軍事協定ではあるが、これによって中国側は満洲国の存在を事実上認めたことにもなった。

天皇に帰国報告

帰国して一〇日後の四月四日、新渡戸は皇居に呼ばれて一時間にわたって天皇にアメリカ講演旅行の結果を報告した。天皇は新渡戸の労をねぎらい、なおこう語った。

「いま日本がアメリカと戦争になっては絶対いけないと思う。あなたはアメリカに親しい人もあり、いろんな関係の人たちと交わってアメリカの事情にくわしいようだから、何とか話合いで戦争を食い止めることができるよう、ひとつ骨折ってもらいたい」

三回も御前講義の光栄に浴したことに感激した新渡戸は、その後、東京女子大学での講演で次のように述べている。

「陛下は無私誠実、寛厚な御方で、このような天皇を戴いているのはまことに有難い。日本人は日本の国のために、自分の持てる才能を生かして、国のため、世界のために尽くすことがすなわち陛下に忠誠を尽くすことであり、国民としての義務を果たすことでもある。私はいくら個人的に攻撃されたり、悪口を言われても、この陛下の為には、苦しい中にも張合さえ感ずる。」

第五回太平洋会議

一九三三（昭和八）年八月、新渡戸は再び太平洋を渡った。今度はカナダで開かれる第五回太平洋会議に出席するためである。

カナダに出発する前に、満洲国を視察した。関東軍司令官で満洲国特命全権大使と関東長官を兼任していた武藤信義大将からの要請によるもので、新渡戸にとっては実に二七年ぶりの満洲訪問である。二年前の上海会議の帰途に実現しなかった訪問が実現したことにもなるが、その間に満洲の情勢は大きく変化していた。

すなわち、前年には満洲国が成立し、五・一五事件を経て誕生した斎藤実首相の挙国一致内閣の下で関東軍の首脳陣が交代した。これにより本庄繁関東軍司令官及び満洲事変推進の中心的存在だった板垣征四郎参謀、石原莞爾参謀が去り、新たな関東軍司令官には武藤信義陸軍大将、参謀長には小磯国昭中将、参謀副長には岡村寧次少将が就任した。そしてこの新体制の下で、日本は満洲国を承認し、日満議定書に基づいて日本の権益を最優先することになったのである。

今回の訪問は、バンフでの太平洋会議で満洲国の現状が正確に伝わることを期待して武藤大将の側から要請されたものだった。一週間の短い期間ではあったが、新渡戸は飛行機で建国一年四ヶ月後の満洲国の現地事情を視察し、執政の愛新覚羅溥儀や、国務院総理の鄭孝胥とも会談した。翌年、帝政移行に伴い愛新覚羅溥儀は皇帝に、鄭孝胥は国務総理大臣に就任する。

八月二日、新渡戸ら第五回太平洋会議日本代表団は横浜から日本郵船の汽船でカナダへと向かった。バンクーバーに到着して日本領事館主催の昼食会に出席した後、さらにバンクーバーからアルバータ州バンフまでの八〇〇キロを汽車で旅した。その車中で新渡戸は激しい腹痛に襲われたが、無事バンフに到着し、会議場となるバンフ・スプリングスホテルに向かった。

世界情勢の二つの危険な兆候

第五回太平洋会議は一九三三（昭和八）年八月一四日から二六日までの一三日間、バンフ・スプリングスホテルで開かれた。

日本はその五ヶ月前に国際連盟からの脱退を宣言していた。そのためもあって、この会議における日本代表団の去就に各国代表の注目が集まっていた。新渡戸はバンフ・スプリングスホテルでの開会式に出席したあと、晩餐会で一四〇名の各国代表団を前に演説を行った。

演説の中で新渡戸は、「世界各国との協調という旧来の日本の方針は、連盟脱退によっていささかの影響も受けることはない」ことを強調し、さらに当時の世界情勢について二つの大きな危険の兆候が見られることを指摘した。

第一の危険な兆候は、「実際の行動の場のみならず、思想の場における不寛容さの復活」であった。新渡戸は、「なにゆえに、この不寛容の精神が現世界の一部の地域では、あれほどまでに尊大に闊歩しているのか謎である」と述べて、寛容精神の重要性を強く唱えた。

第二の危険な兆候として、新渡戸は、「特に列強諸国間にある経済上の自給体制の傾向」を挙げた。新渡戸は、「ある国にあっては人口に釣り合わぬほどの物質的天恵を付与されているのに対して、またある国では事情がまったく逆である」と述べて、名指しこそしなかったが、人口規模のわりには恵まれた資源をもつ大国を批判した。そして「いかにしてこれらの明らかな不均等を、共存共栄の原則に従って是正するか」が政治家の責任だと訴えた。

当時の国際状況を見てみると、世界的大不況の真っ只中で、大国と言われる国々はそれぞれ自国の国益しか考えないような行動をとっていた。アメリカは一九三〇（昭和五）年にホーリー＝スムート関税法を成立させた。その目的は不況で苦しむ国内産業を保護するため、外国製品に超高率の関税をかけることだった。つまり関税障壁である。これによってアメリカは自由貿易を捨てて、ブロック経済に入ったことになる。すると当然に、他の諸外国もアメリカ製品に対する関税を引き上げざるをえなくなる。こうしてアメリカのとった高関税政策は他国の高関税政策を誘発し、結果的にアメリカ自体の輸出市場を狭めることになった。そのため一九二九（昭和四）年の株式大暴落にはじまった大恐慌による不景気は、解消されるどころか、さらに深刻化することになった。

そうした中でイギリスは、一九三二（昭和七）年にカナダのオタワで大英帝国経済会議を開き、帝国外からの輸入を制限し、大英帝国内での自給自足体制に入ることを決めたのである。当時の大英帝国といえばカナダ、オーストラリア、ニュージーランド、インド、南アフリカをはじめ、香港、シンガポール、マレーシア、エジプトなどの植民地を含み、世界の四分の一を占めるほどの広域圏である。

アメリカや大英帝国のような巨大な市場が自給自足経済圏を形成して外国製品を締め出せば、世界貿易は崩壊してしまう。フランスやオランダはまだ植民地を持っていたから何とかやっていけたが、植民地を持たないドイツやイタリアは、「持てる国」英米に対抗するために国家が経済を完全に支配する国家社会主義への道を歩んだ。

列強のブロック経済化が進めば、当然、日本はもろにその影響を受けることになる。当時の日本は生糸などで外貨を稼ぎ、そのお金で海外から買った原材料を加工して安い雑貨類を作って海外に輸出していた。その日本が、列強のブロック化に対抗するためには、自らの自給自足圏を作るしかないことは自明の理と言っていい。

満洲国の建設もそうした文脈の中でとらえる必要がある。政治家が政争に明け暮れていると き、特に東北地方の貧しい農村出身の兵士を多く抱える軍部がこの状況を何とかしなければならないと考えるのは、ある意味で自然なことであった。彼らは、東アジアに日本を中心とした経済ブロックを作ることで国内の大不況を乗り越えようと考え、そのために満洲に安定的な政権をつくって経済開発を進めようとしたのである。

国際社会への警鐘

新渡戸の演説は、こうした国際情勢の動向を踏まえたものだった。そして、結論として、「経済的な自給体制の傾向を極端に押し進めて行けば、本来、不利な地域にある国々の心情としては、自らの経済的保全の唯一の道はなんらかの手段を講じて外国領土を自国の政治活動範囲に入れて、彼ら自身の経済ブロックを設定するしかない」と述べ、そのような政策が遂行されるとしたら、「世界は多くの孤立化した陣営に分断され、そのことから起こる紛争から、遅かれ早かれ、人類にとっての大災難が引き起こされることになるであろう」と警鐘を鳴らした。

そして、この苦境から世界を脱出させる方法を議論することが太平洋問題調査会の主要課題であると述べ、次のような理想を描いて演説を終えた。

「この地球上の全世界の人々が親密に接触することにより、いつの日か、ゆっくりとではあっても、激情でなく理性が、自己の利益でなく正義が、全世界の民族と国家のための仲裁人となる日が来ることを希望するのは、過大な望みというものであろうか？」

新渡戸は日本が孤立することを憂慮していた。だが、孤立化の責任がすべて日本にあるとは考えていなかった。国内だけを見れば、満洲国の建設をはじめとして、日本が率先して自国のための自給自足経済圏を確立しようとしていたように見えるかもしれない。しかし広く世界に目を向けるならば、アメリカやイギリスをはじめとする欧米列強が自国の利益しか考えないナショナリズムの熱病にかかっていたのであり、その中で日本のとるべき選択肢は極めて限られていた。

新渡戸はこうした世界の現状を俯瞰して、国際社会そのものが不寛容さと自給体制の傾向を強めていることに強い危機感を覚え、そうした国際社会の現状そのものを変える必要があることを説いたのである。

この会議に日本代表団の一員として参加した鶴見祐輔は『中央公論』誌に会議の詳しい報告を寄せ、最後にこう結んだ。

「今回の太平洋会議に、日本は相当の貢献をした。……日本の実情を太平洋上の各国有力者に知らしめたことは確かである。しかし、一体の空気は必ずしも日本に対して温かであったとは私は思わなかった。しかし、なんら日本攻撃の言論が公然とあらわれなかったのは、なんといっても新渡戸博士に対する各国委員の尊敬の情に因するところ多大であったと思う。国際会議に臨むごとに私は偉大なる国際人を有することの必要を痛感する。」

志半ばでの客死

バンフでの会議に出席したあと、新渡戸はカナダ西海岸バンクーバー島にある州都ビクトリアで、それまでロサンゼルスで療養していた妻メリーと半年ぶりに再会した。このあと、彼はさらに一人でニューヨークに向かい、アメリカの要人たちと話し合って危機回避の努力を続けるつもりだった。

だが、新渡戸の体力はすでに限界に達していた。ビクトリアのホテルで激烈な腹痛に見舞われたのである。彼はただちに市内の病院に運ばれたが、一ヶ月余りの入院生活のあと、手術もむなしく七一歳でその生涯を終えた。

東京で行われた告別式では、札幌農学校第一期生の佐藤昌介が葬儀委員長を務め、第二期生の宮部金吾が「故新渡戸稲造氏の経歴」を紹介して、次の言葉で結んだ。

「……同君は死ぬ最後の日まで発達の已《や》まなかった人であり、息を引き取る最後の瞬間まで、国家と人類とを思ふ至誠の熄《や》まなかった人であります。

新渡戸君は偉大な国際人でありました。しかし新渡戸君は、それ以上に偉大なる日本人でありました。新渡戸君の真価は燃えるような愛国者であったことにあります。今日のような国歩嶮難の日に新渡戸稲造君を失ふことを、一個の日本人として私は心の底から悲しみ悼むのであります。」

第5章

日本の敗戦と占領政策

第５章では、日中戦争がいかにして日米開戦へと発展していったのか、その歴史を振り返るとともに、敗戦後の占領政策の実態とそれが日本社会に与えた影響について考えてみたい。

１　大東亜戦争への道

泥沼の支那事変から日米開戦へ

その後の世界は新渡戸がもっとも危惧していた方向へと突き進んでいった。新渡戸の没後しばらくの間は、塘沽停戦協定に基づいて平和な時代が続いていた。ところが、四年後の一九三七（昭和一二）年七月七日、北京郊外で盧溝橋事件が発生した。そしてこれが支那事変へと発展していくのである。

盧溝橋事件において重要なことは、当時同盟通信社上海支局長だった松本重治が証言するように、「なんらかの形で日本軍がもっと侵攻してくる方向に誘導したのは、中国共産党であった」ということだ。

実はその前年に、共産党軍を相手に討伐作戦を展開していた国民革命軍の蒋介石が、自分の部下である張学良と共産党との謀略によって西安で捕らえられ、監禁されるという事件が起きていた。西安事件である。この謀略工作を画策したのは周恩来である。共産党の狙いは国民革命軍を共産党とではなく、日本軍と戦わせることだった。そのため蒋介石を監禁して「内戦を停止して、一致抗日せよ」と要求したのである。最後は蒋介石夫人の宋美齢が西安に赴き、共産党の要求を受け入れて夫を救出した。

蒋介石

この時、毛沢東らは蒋介石を殺すことを主張したが、「コミンテルン（国際共産主義運動）」本部のスターリンから「蒋介石を釈放し、国共が協力して抗日政策をとるよう」指示され、釈放に応じたのであった。その後、蒋介石は共産党との内戦を中止し、抗日運動に徹する。毛沢東は日本軍との戦いにおいては、短期的には日本軍が優勢だが、長期化すれば中国が有利になると考えていた。そのため強力な日本軍との戦闘をできるだけ避け、損害を少なくしながら戦いを長引かせる戦略を立てて、その役割をもっぱら蒋介石の国民革命軍に押し付けたのである。
日本は中国国内のこうした動きを見抜けなかった。そのため、盧溝橋事件が起きると、「事態不拡大」の方針を掲げながら、何ら明確な戦略目的もなしに、中国大陸での泥沼の戦争に引きずり込まれていくことになった。その間には国民革命軍との和平に向けた交渉が何度となく行われたが、結局どれも実を結ぶには至らず、中国側の挑発が繰り返されたのである。

もちろん、中国側の挑発があったからといって、日本側の対応がすべて正当化されるわけではない。しかし、国際法を無視した意図的な挑発行為の結果、一般民衆が多大な犠牲を払ったとすれば、それに対する責任は挑発に乗った側だけでなく、挑発した側にも帰せられるべきであろう。日本軍に非難されるべき行為があったとしても、少なくとも、日本が中国侵略の意図をもって一方的に戦線を拡大し、無辜の市民を虐殺したというような見方は事実に反するし、日本人が特別に残忍な国民性をもっているという見方も事実に反するのだ。

日本側の失敗の原因

日本側の失敗の原因は、既得権益のうえに立って居留民の安全を守ることしか考えていなかったことだ。そのため、西安事件を経て蒋介石総統が国共合作に基づいて本格的な抗日戦争を開始する決意を固めていたことに気がつかなかった。その結果、相手の策略に乗って戦線を拡大して消耗し、後戻りできなくなってしまったのだ。

それに加えて、日本国内においても、一九三六（昭和一一）年の二・二六事件のあと陸海軍大臣は現役の大将と中将に限るという制度が復活したため、政府が軍部に支配されることになった。また、軍部内においては戦争拡大派の下克上を上層部が抑えられなくなってしまった。

こうして盧溝橋事件から支那事変へと拡大した日中戦争は長期化していった。その間に蒋介石軍を背後から支えたのは米英による軍事援助であった。そのため日本人の間には反米英感情が高まっていった。

しかし、そうした中にあっても、日本政府や軍部はアメリカを相手に戦うことは考えていなかった。それどころか、アメリカとの話し合いによる妥協以外には事態打開の道はないと考えていた。それにもかかわらず、日中間の戦争はいつの間にか日本にとって対米英戦争へと変わっていくのである。そこには、江崎道朗が『コミンテルンの謀略と日本の敗戦』で指摘するように、日本を米英との永久戦争へと向かわせ、敗戦後に共産党政権を樹立させようとするコミンテルンの意図が働いていたとも言われている。

いずれにせよ、新渡戸が予言した「大災難」は、その後不幸にして、一九三九（昭和一四）年の第二次世界大戦の勃発、さらに二年後の日米開戦という形で現実のものとなった。誰も望まない戦争だったにもかかわらず、それを避けることができなかったのである。その責任は日米双方にある。

なぜ日米開戦を阻止できなかったのか

日本を開戦に向かわせた最大の要因はアメリカによる対日石油輸出禁止であった。一九四一（昭和一六）年七月、日本の南部仏印進駐がはじまると、アメリカは在米日本資産を凍結、八月には対日石油輸出の全面禁止という経済制裁措置を発動した。当時の日本経済はアメリカに依存していたため、この措置は事実上の宣戦布告にも等しかった。中でも燃料の枯渇を恐れる海軍は、若手の強硬派が首脳を突き上げる形で、早期開戦論へと傾いていった。

開戦を決定的にしたのは一一月二六日のハル・ノートである。それは「日本軍の中国からの全面撤退」「三国同盟の破棄」「汪兆銘政府の否認」などの条項を盛り込んだもので、満洲事変以来の日本の外交政策をほぼ全面的に否定するものであった。それまでの日米交渉におけるアメリカ側の対日提案のどれよりも強硬な内容だった。それだけにこれを受け取った日本側の衝撃は大きく、これではアメリカは外交による解決を望んでいないと解釈せざるを得なくなった。事実、ハル国務長官はこれを提案したあと、スティムソン陸軍長官に「私はそれから手を引いた。いまやそれは君とノックス（海軍長官）の手中、つまり陸海軍の手中にある」と述べているのである。実はハル・ノートの原案はもっと穏やかなものだったが、最終的に大統領が採用したのはハリー・ホワイト財務次官補が起案したもので、彼はソ連のスパイであった。

こうして日米交渉は決裂した。退路を断たれた日本は、自存自衛のため英領マレー半島に上陸してイギリスとオランダを相手とした南方への攻略を開始するとともに、ハワイ真珠湾を攻撃して日米開戦に踏み切った。日米開戦は決して日本が意図した戦争ではなかった。政府首脳は最後の最後まで日米交渉による状況打開に望みをつないでいた。開戦がいかに苦渋の決断であったかは、「開戦の詔書」からもひしひしと伝わってくる。しかしアメリカ側には日本と妥協する意思はなかった。

ここまでの経緯を振り返れば、日米戦争は事実上一九四一（昭和一六）年七月の南部仏印進駐に続くアメリカの対日石油輸出禁止から始まったとも言える。しかし、その段階でアメリカとイギリスがオランダも巻き込んで中国に協力し、石油禁輸の日本包囲網を形成したということは、すでにその前から日本を敵国と見做していたことを示すものだ。そしてその原因は明らかに一九四〇（昭和一五）年九月の日独伊三国同盟にあった。すなわち、日本は三国同盟によって米英中蘭の四カ国を敵に回したのであり、当時の国際情勢を考えれば、その時点で日米開戦は避け難いものとなっていたと言うべきであろう。

チャーチル

ルーズベルト

日本の真珠湾攻撃を誰よりも喜んだのは、ドイツ軍に対抗するためアメリカに参戦を懇願していたイギリスのウィンストン・チャーチル首相と、日本を相手に戦っていた中国の蒋介石総統である。アメリカのフランクリン・ルーズベルト大統領も日本の奇襲を歓迎した。彼はイギリスを助けるためナチスドイツと戦う覚悟でいたが、当時のアメリカ国民は戦争を望んでいなかった。そのため、ヨーロッパの戦争には介入しないことを公約に掲げて大統領三選を果たしたばかりであり、自ら行動を起こすことはできなかった。そのようなルーズベルトにとってドイツの同盟国である日本からの先制攻撃は願ったり叶ったりで、まさに思う壺の状況展開となったのだ。

しかも、在米日本大使館の不手際により、攻撃開始の三〇分前に手渡すはずだった日本の開戦通告文書が実際にアメリカ政府に届けられたのは、攻撃開始の約一時間後であった。そのためルーズベルトはこれを逆手にとって、日本軍の「卑劣な騙し討ち」と非難して国民の敵対感情を煽った。それを受けてアメリカでは、「リメンバー・パールハーバー」の合言葉のもとに「日本叩くべし」の声が全米で高まり、ルーズベルトは世論の後押しを得てアメリカの参戦を正当化することに成功したのである。真珠湾攻撃はこうした国際情勢を読み切れなかった日本の政治的外交的な敗北であった。

満洲国の終焉

満洲国はその後どうなったのか。日本が国際連盟からの脱退を通告した後、一九三三（昭和八）年には塘沽《タンクー》停戦協定が締結されて満洲事変は一応終結し、中国側も満洲国の存在を事実上認めたことになった。

そこで日本は正式に満洲国を承認し、ローマ法王庁も承認した。さらに日本の同盟国あるいは友好国であるドイツ、イタリア、スペイン、タイ、第二次大戦で連合国側に加わるエルサルバドル、ポーランド、コスタリカなどもそれに続いた。枢軸国側のフィンランドをはじめとする国々も承認した。ソ連も公館を設置した。国交を樹立しなかったイギリス、アメリカ、フランスも企業などを通じて人的交流や交易を行うことになった。

その間に満洲国では、日本の支援によって法制度が整備され、治安が確立し、通貨が統一され、壮大な国土開発計画に沿った開発投資が行われた。その結果、短期間に驚異的な経済発展を成し遂げ、中国人の流入も増えた。満洲事変当時にすでに三〇〇〇万人に膨らんでいた人口は、一九四五（昭和二〇）年の終戦時には五〇〇〇万人に増加している。日本人の数も一五五万人にのぼった。

満洲国に対する日本の指導方針も変化していった。建国当初は「五族協和の王道楽土」という考えに基づいた独立国としての発展が期待されていたが、その後は日本で戦時体制が強まるにつれて日本の権益が優先されるようになり、各国からの共同投資の申し込みも断って、日本による植民地的な性格を強めていくことになった。

日本からの農業移民も国策として実施された。まず一九三二（昭和七）年から試験移民が行われ、一九三六（昭和一一）年には広田弘毅内閣のもとで二〇年間に一〇〇万戸五〇〇万人を送り出す計画が策定された。さらに戦時体制下になると成人の移民が困難になったため、数え年一六～一九歳の少年による満蒙開拓青少年義勇団が送り出され、戦争末期には彼らが移民の主力となっていた。こうして送り込まれた開拓団は終戦時までに約二七万人に達した。

日本は満洲においても教育には熱心だった。一般的な初等、中等、高等教育の諸学校のほか、満洲国の指導者となる人材を養成するための建国大学が設置され、一九三八（昭和一三）年に第一期生が入学した。定員一五〇名のうち日系は七五名、満洲系が五〇名、朝鮮系、モンゴル系、白露系が二五名で、日系枠には一万人の応募者が殺到したという。満洲国は日本の戦争には中立の立場をとっていたため、住民は戦時中も平和な生活を送ることができた。

だが、その満洲国も一三年あまりで姿を消してしまう。一九四五（昭和二〇）年八月九日、広島の原爆投下の三日後、ソ連軍が日ソ中立条約を破って一七五万の兵を擁して満洲国に侵攻してきたのである。これに対する関東軍は、すでに精鋭を南方戦線に動員されて戦力が低下していたため、もはやソ連軍の敵ではなく、もろくも壊滅してしまった。戦争が終わると、日本軍将兵や一般邦人ら約六〇万人がシベリアの極寒の地に送られて強制労働させられ、そのうち約五万五〇〇〇人が命を落とした。

その後、中国大陸の支配権をめぐって毛沢東の共産党軍と蒋介石の国民党軍との内戦が激化した。両軍は満洲各地で激突し、ソ連が押収した旧日本軍の武器の支援を得た共産党軍が勝利を収めた。そして中華人民共和国の建国を宣言し、社会主義国家の建設へと向かっていく。それを経済面で支えたのは旧満洲国に残された日本の遺産であった。敗れた蒋介石は台湾に逃れた。

植民学のその後

新渡戸が国際連盟事務次長に就任した後、その後任として東京帝国大学で植民政策を講じていた矢内原忠雄は、盧溝橋事件の直後、『中央公論』に「国家の理想」と題する評論を発表して大学の内外から排撃を受けることになった。さらにその後、「神の国」と題する講演の中で述べた「この国を葬って下さい」の一言が不穏の言動として歪曲されて問題にされた。

この講演で矢内原は、無教会派のキリスト教徒として「理想の国」の在り方を説き、反戦の立場から、「支那の国民よ、早く武器を棄てて降参しなさい。……これが本当に支那を救う道だ。……日本の国民に向かっていう言葉がある。汝等はすみやかに戦をやめよ！」と述べて、日中双方に戦争をやめるよう訴えた。そして、それに続いて、「どうぞ皆さん、もし私の申したことがおわかりになったならば、日本の理想を生かすために、ひとまずこの国を葬って下さい」と述べたのである。

こうした言動を問題視された矢内原は、ついに事実上大学を追われる形で教授辞任を余儀なくされた。矢内原が辞めたあとは東畑精一が植民政策講座を担当し、経済統制論を講じた。

戦後になると、戦前の植民地における日本人の業績はすべて軍国主義への加担とみなされる時代を迎えるなかで、東京大学においては、戦前に軍国主義を批判して大学から追われた矢内原らが敗戦とともに復職した。かつて矢内原が担当した講座名は「殖民政策」から「国際経済論」へと改められ、その学問は、新たに国際経済論、国際関係論、国際開発論、地域研究などの分野に引き継がれていくことになった。

他方、内国植民学を指向して満洲などに多くの卒業生を送り出した北海道帝国大学の場合は、一九二四（大正一三）年に農政学講座と殖民学講座が分離されたあと、高岡熊雄が引き続き殖民学講座を担当していた。高岡が総長に就任すると、殖民学講座は屯田兵制度の研究で知られる上原轍三郎に受け継がれた。

戦後になるとこの殖民学講座は農業経済学第三講座として生まれ変わり、高倉新一郎の下で、もっぱらアイヌ民族の問題などに関心が向けられるようになった。

戦前に唯一の植民大学として隆盛を誇った拓殖大学の場合は、終戦によって大学の目的や授業内容が否定されたも同然となり、植民はおろか、国際化を正面に打ち出すことさえむずかしくなった。拓殖大学そのものが占領軍によって追放指定されるのではないかとの噂も流れていた。そうした状況下で、大学の名称が「紅陵大学」と改められたが、その後、校名を元の拓殖大学に戻し、創立百周年を迎えた二〇〇〇（平成一二）年、新たに建学の原点に立ち返って国際開発学部（現国際学部）が設置された。

2　ＧＨＱによる日本弱体化政策

ポツダム宣言と天皇制の存続

一九四五（昭和二〇）年八月、日本はポツダム宣言を受け入れて降伏した。敗戦後の日本にとっての最大の課題は、国体の護持、つまり天皇制を維持することであった。だがアメリカ政府の対日占領政策の方針は、終戦の二ヶ月前まではあくまでも「無条件降伏」を求める厳しいもので、日本政府を廃止して直接軍政を布くことを意味していた。
それが最終段階で「ポツダム宣言」によって緩和され、占領下において日本政府が存続することが認められることになったのである。その過程で重要な役割を演じたのは、ルーズベルト大統領の死後、トルーマン大統領の下で国務次官を務めたジョセフ・グルーと、スティムソン陸軍長官であった。グルーは日米開戦時の駐日大使であり、日米開戦の回避に努めた「知日家」である。

こうしてポツダム宣言において日本政府の存続が辛うじて認められることになったが、最大の課題である天皇制の存続を保証する文言は、最終段階で削除されてしまった。だがこの件についても、その後のスティムソンとグルーの努力によって、日本との終戦交渉の中で外交チャネルを通して保証を与えるとの結論に落ち着いた。これを受けて日本政府は、二度の御前会議で天皇の御聖断を仰いだ末、ポツダム宣言を受諾することを決めたのである。グルー次官の尽力がなければアメリカの対日政策はもっと厳しいものになっていたことは間違いない。

終戦に際してもう一つ、日本にとって重要な出来事があった。ソ連軍が八月九日に日ソ中立条約を一方的に破棄して満洲国に侵攻してきたことは先に述べたが、八月一八日には、別のソ連軍がカムチャッカ半島から千島列島最北端の占守島に侵攻してきたのである。この時はすでに終戦の詔書が下った後で、現地の日本守備隊はポツダム宣言受諾に伴って武装解除中であった。しかし第五方面軍司令官の樋口季一郎中将は反撃を決断して守備隊に「ソ連軍を撃滅せよ」と命じ、激戦の末にソ連軍を撃退し、最終的には二一日に日本政府の命令で抵抗をやめて停戦となった。ソ連のスターリン首相の狙いは北海道の占領にあったと言われているが、ソ連軍は千島列島の最初の島でつまずいたため、国後島まで来た時には、すでにアメリカ軍が北海道に進駐していた。こうして日本は、歯舞、色丹、国後、択捉の北方四島を不法占拠されてしまったものの、朝鮮半島のような分断国家になることは免れたのである。

歴史・伝統の否定

敗戦後の日本は連合国軍の占領下に置かれ、ダグラス・マッカーサー最高司令官の率いるGHQ（連合国軍最高司令官総司令部）による「民主化」「非軍国主義化」を目的とした日本の弱体化・無力化政策が実施された。人間の歴史は常に勝者の都合の良いように解釈され、それが正しいものとして扱われてきたと言っていいが、戦後の日本もまったく同じであった。GHQは日本の過去を否定しようとしたのである。

具体的には、終戦後わずか四ヶ月の間に柔剣道などの武道が軍国主義的であるとして禁止され、神道指令により神道・神社と国家が分離され、修身、日本歴史及び地理の授業が停止された。こうして、敗戦を境に昨日までは正しかったことが突然否定され、それまでとは一八〇度異なる価値観が日本を支配することになった。その後、地理と日本歴史については、翌年文部省が編集しGHQの認可を経た教科書のみを使用するとの条件付で授業が再開されるが、修身の授業はついに再開されなかった。

さらにGHQは、日本人に日本は軍国主義に基づいて誤った戦争をしたのだという罪悪感を持たせ、贖罪意識を植え付けるために、「ウォー・ギルト・インフォメーション・プログラム」と呼ばれる情報宣伝活動を展開して日本人の洗脳を図った。中でも一九四五（昭和二〇）年一二月に日本の主要新聞に連載された「太平洋戦争史」や、ラジオの連続番組「真相はこうだ」は、日本を一方的に悪者扱いし、戦前の日本が「侵略国家」であり「犯罪国家」であったという誤ったイメージを強く国民に植え付けるものだった。

一九四六（昭和二一）年に始まった極東国際軍事裁判においては、日本の政府および軍部の指導者を一方的に犯罪者として扱い、国民はその犠牲者という図式を作り上げた。さらにＧＨＱに押し付けられた原案をもとに「戦力の不保持」「交戦権の否認」を謳った日本国憲法が制定される一方で、その憲法が禁じた「検閲」による厳しい言論統制がＧＨＱの手で行われた。

こうして戦後の日本人は、戦前の日本は悪いことばかりしたとする自虐的な歴史観を植え付けられ、民族の誇りや自信を喪失させられた。過去の歴史は間違っていたとされ、歴史を学ぼうともしなくなった。その結果、今日のような自国の歴史を知らない日本人が誕生することになった。それだけでなく、こうして贖罪意識を植え付けられた日本は道徳的に縛られて、中国や韓国から次々と理不尽な歴史問題を突きつけられては譲歩を繰り返すことになるのである。

左翼政党の大躍進

ＧＨＱによる日本弱体化政策の中心的役割を担ったのは民政局（ＧＳ）のホイットニー局長とケーディス局次長である。彼らは占領後、直ちに「政治的・民事的・宗教的自由に対する制限撤廃の覚書」（人権指令）を発表して、国内の治安を守る法令を撤廃し、内務省はじめ関連の組織を解体する一方、三〇〇〇人もの政治犯を釈放させた。府中刑務所に収監されていた共産党幹部の徳田球一や志賀義雄らはノーマン課長が直々に出向いて釈放させた。出獄すると彼らは「人民に訴う」と題して「天皇制の打倒と人民共和政府の樹立」などを国民に呼びかけた。それに続いて、それまでコミンテルン日本代表として中国の延安で中国共産党に合流して日本人捕虜の再教育を行なっていた野坂参三もソ連を経由して帰国し、日比谷公園で参加者三万人の大歓迎会が開催された。

その間に日本各地の炭鉱などで暴動や警察との武力衝突が頻発していたが、ＧＨＱはこうした暴動を取り締まらない方針を明らかにした。こうして労働運動や農民運動などの民衆運動が活性化するともに、左翼政党が一気に政治の表舞台に躍り出ることになった。

これらの取組みが占領開始からわずか数ヶ月の間に一挙に進められたということは、それらが日本の徹底的な弱体化あるいは解体を目指すニューディーラーたちによって、あらかじめ周到に準備された計画に基づくものであったことを示している。

その一方で、かつての右翼全体主義者たちは戦犯として裁かれた。また戦時中に公的地位にあった政治家、官僚、学者、軍人など各界の指導者たちは、たまたまその地位にあったというだけの理由で、公職を追放された。その数は約二〇万人にのぼる。それとは別に教育関係者についても「軍国主義者」「国家主義者」とされた者は公職から追放された。

占領下での教育の舵取り

終戦直後の混乱期に新日本の建設に尽力したのは、かつて第一高等学校で新渡戸の薫陶を受けた生徒たちであった。その中には文部大臣を務めた前田多門、安倍能成、田中耕太郎、森戸辰男、天野貞祐、あるいは東京大学総長を務めた南原繁、矢内原忠雄、宮内庁長官として皇室改革を進めた田島道治らがいた。彼らはこの国家存亡の危機に遭遇して、恩師新渡戸の精神を受け継ぎ、人格の完成を教育の目的に掲げて、祖国の復興に全身全霊を傾けた。

前田多門は内務省で後藤新平内務大臣の秘書官を務め、後藤が東京市長に就任すると助役に抜擢され、さらに国際労働局日本政府代表として新渡戸のいるジュネーブに勤務し、その後朝日新聞論説委員を経て、ニューヨークに設立された日本文化会館館長として日米親善と文化交流の推進に尽力した人物である。東久邇内閣で文部大臣に就任すると主要局長に学者やジャーナリストなど異色の人材を起用して、戦後の教育改革を進めた。次の幣原喜重郎内閣でも文相に留任したが、戦時中北陸地方行政協議会会長として大政翼賛会の地方支部長を務めたという理由で公職追放にあい、文相を辞任した。

前田の強い要請で後任の文部大臣を引き受けた安倍能成は、それまで第一高等学校の校長を務めていた。戦前・戦後を通じて一貫した自由主義者であり、戦時中は軍部による高等学校の年限短縮に反対し、近衛文磨に早期和平の進言をするなど、軍国主義に対して批判的な態度をとっていた。それだけでなく、戦後の社会主義への過大な評価に対しても批判的であった。

終戦直後に占領軍のジープが一高に来校した。目的は一高を占領軍の施設として接収するためであった。この時、安倍校長は、「この一高はリベラルアーツの学校である。リベラルアーツとは人類が残してきた芸術、文化、学問のことであり、ここはその偉大な遺産を次の世代に伝える sacred place（聖なる場所）だ。そこを占領などという vulgar（世俗的）な目的のために使わせるわけにはいかない」と言って追い返した。

文部大臣になってアメリカ教育使節団を迎えたときの挨拶では、アメリカ側に対して次のように述べている。

「……各位のお察しの如く戦敗国たり戦敗国民たることは、苦しい試練であり、困難なる課題でありますが、同時に敢て失礼を申せば、よき戦勝国たり戦勝国民たることも仲々困難であります。我々は戦敗国として卑屈ならざらんことを欲すると共に、貴国が戦勝国として無用に驕傲《きょうごう》ならざるを信ずる者であります。そうして各位の来朝が我々の上記の願を充す最上の機会となることを切念するものであります。……」

戦勝国の使節団に対してこのように毅然とした挨拶をする戦敗国の大臣がいたことを私たちは誇りに思わなければならない。

安倍の後を継いだ田中耕太郎は教育基本法の制定作業を開始した。戦前のように政府の意向ではなく、国会で決めた法律に基づいて教育行政を実施することを明確にするため、憲法とは別にすべての教育政策の基本となる根本法を制定する必要があると考えたのである。これはアメリカの指示ではなく、日本側の判断であった。

こうして作成された教育基本法は日本国憲法に先立って施行され、その第一条には、教育は「真理の探究と人格の完成」を目的とすることが謳われた。この「人格の完成」の文言こそは、新渡戸の教育理念の根本をなすものである。この文言に強くこだわったのは田中文部大臣であった。ただし、原案の前文中にあった「伝統を尊重して」という文言は、ＧＨＱの意向で削除されてしまった。

それから半世紀以上を経た二〇〇六（平成一八）年、改正教育基本法が成立して伝統文化の尊重などの規定が盛り込まれた。だが、改正教育基本法の制定に際しては、新渡戸精神に基づいて制定された旧教育基本法の改悪であるとして改正に反対する動きも一部に見られた。逆に政府・与党側は新渡戸の『武士道』を持ち出して伝統文化の尊重の必要性を強調した。こうして新渡戸は反対派からも賛成派からも、それぞれの主張の論拠として担ぎ出されたのである。彼の人間としての幅の広さを反映しているとも言えるが、それだけではなく、そこには戦後の占領政策に対する見方の違いが表れている。

占領政策の転換

絶大な権力を握るＧＨＱではあったが、その内部は必ずしも一枚岩ではなかった。その中で、ホイットニー民政局長の下でニューディーラーたちが中心となって立案された初期の占領政策は、日本の民主化どころか「解体」につながるものだとして、彼らと激しく対立したのが参謀第二部（Ｇ２）のウイロビー部長である。

外務大臣を経て総理大臣となった吉田茂はこのウイロビーの人脈を使ってマッカーサー司令官との関係を構築し、民政局と対決しようとした。そして、その後東西冷戦が始まると、アメリカは対日政策の方針を「民主化」「非軍国主義化」から「反共政策」「経済復興」へと転換する。それに伴い、公職追放指定者の処分が解除され、今度は共産党員やその支持者が公職追放（レッドパージ）されることになった。その数は一万人以上と言われる。

この対日政策の変更をどう捉えるかで歴史の見方が大きく分かれる。一つの見方は、占領初期の徹底した「日本弱体化」政策を支持する立場から、その後の方針転換を「逆コース」とし

吉田　茂

マッカーサー

て批判的に捉える見方である。それが当時の革新政党の主張であり、マスメディアや知識人などの一般的な論調でもあった。

　これに対してもう一つの見方は、当初の厳しい占領政策は、アメリカの中でも左翼的傾向の強いニューディーラーたちによる極端な日本弱体化政策であり、ポツダム宣言にも反するものであったとする立場である。実際、当時のアメリカ政府部内には、共産革命を目指す多数のソ連工作員が浸透していた。ＧＨＱのニューディーラーたちの中にもそうした工作員が何人も含まれていて、日本の無力化を目論んでいたのである。かつて新渡戸稲造も関わった太平洋問題調査会にも新渡戸の没後はコミンテルンが浸透し、終戦前から戦後の対日占領に際して天皇制の廃止や神道の排除などを主張する論文を刊行していた。

　こうした立場に立つと、日本は占領政策の転換によって、終戦直後の「革命前夜」的とも言える危機的な状況から辛うじて脱することができたということになる。

江崎道朗の『日本占領と「敗戦革命」の危機』が指摘するように、近年になってアメリカで公開された機密文書、すなわち第二次大戦前から戦中における在米のソ連スパイとモスクワとの秘密通信の一部を傍受・解読した「ヴェノナ文書」などは、こうした見方を支える有力な論拠ともなっている。またその間に朝鮮半島でソ連の支援を受けた北朝鮮が韓国に侵攻して朝鮮戦争が勃発したことも、共産主義の脅威が絵空事ではなく、現実のものであったことを物語っている。

こうして、アメリカの対日政策の転換後、日本は東西冷戦体制の下でサンフランシスコ講和条約によって主権を回復した。だが、国として自立できないまま、アメリカを盟主とする自由主義陣営に組み込まれ、ひたすら経済復興に邁進することになった。

国家意識の欠如

占領初期のニューディーラーたちの政策は、戦後日本の知識人やマスメディアの間に大きな影響を及ぼしていた。彼らは言論界で強大な勢力を築き、それを通じて戦前の日本を全否定する左翼的思想を社会全体に広めたのである。彼らはサンフランシスコ講和条約に際しても、ソ連など一部の交戦国が参加しない講和条約には反対し、全面講和を主張した。だが全面講和は理想ではあっても、東西冷戦の現実を踏まえれば、それが実現不可能なことは明らかだった。南原繁東大総長が卒業式の挨拶で全面講和論を主張すると、吉田茂首相は激怒し、「これは国際問題を知らない曲学阿世の徒、学者の空論に過ぎない」と批判した。吉田は現実の政治を知る保守自由主義者であった。

しかし左翼知識人たちは日本が主権を回復した後も、吉田やその後継者による保守自由主義政権をアメリカ追従であるとして批判し、ソ連や毛沢東の中国を礼賛し続けた。

学校教育においては日教組の指導の下で思想的に偏った教育が行われた。その結果、多くの日本人が戦前の日本は悪いことばかりしてきたと教わり、そうした中で、国家や権力を悪とみなし、反国家・反権力の立場に立って批判することが民主主義であるかの如き風潮も広まった。

さらに、戦後の日本においては伝統文化や武士道精神が軽視され、極端な平等主義が蔓延したこともあって、指導的立場に立つ者までがそれまでの矜持を捨てて、自らを低い知的・道徳的レベルへと引き下げていった。日本においては、自国を否定的にしか見ない人の割合が他国と比べても極めて高いことが各種の調査で明らかにされている。中には日本を批判して反日的な振る舞いをするのが国際主義者だと勘違いしているような人もいるのだ。

そこに見られるのは国家意識の欠如である。その論理的帰結として、今日のような、国家の安全保障上の責任を他国に委ねたまま平和を当たり前のごとく享受し、個人の権利を振り回すばかりで危機意識も使命感も乏しく、いつまでも国家として自立できない日本の現実がある。これこそが本当の敗戦であり、日本人の精神的敗北である。

国家の「独立と自尊」

ここで断っておきたいが、私は、戦前の日本のしたことが全て正しかったとか、悪いのは相手の方だと主張しているのではない。戦争は国と国との利害の衝突である以上、どちらにもそれぞれの言い分がある。どちらか一方が一〇〇パーセント正しく、他方が一〇〇パーセント間違っているということはあり得ない。日本が戦った戦争についても同じである。問題は日本だけではなく、相手の側にもあったのである。

日本の無力化を図ったあのマッカーサー元帥でさえ、最高司令官を解任された直後、一九五一（昭和二六）年五月三日の上院軍事外交合同委員会において以下の証言をしているのだ。

「日本は、絹産業以外には、固有の産物はほとんど何も無いのです。彼らは綿が無い、羊毛が無い、石油の産出が無い、錫が無い、ゴムが無い。その他実に多くの原料が欠如している。そしてそれら一切のものがアジアの海域には存在していたのです。もしこれらの原料の供給が断ち切られたら、一〇〇〇万から一二〇〇万の失業者が発生するであろうことを彼らは恐れていました。したがって彼らが戦争に飛び込んでいった動機は、大部分が安全保障の必要に迫られてのことだったのです」

このときマッカーサーは、「太平洋において米国が過去百年間に犯した最大の政治的過ちは、共産主義者を中国において強大にさせたことだ」とも証言している。

しかし、たとえ相手側にどのような問題があったとしても、日本をあの悲惨な敗戦に導いた責任の多くが軍部や、それを抑えられなかった政府にあることは否定しようのない事実である。日米開戦を決めた日本政府の判断は国際情勢を見誤った愚かな判断としか言いようがないのだ。

戦争には善悪も正邪もない。あるのは勝ち負けだけである。そして勝った方は自分たちを正当化しようとするのが常である。戦争に負けるということはそういう現実を受け入れなければならないということだ。そのことを無視してひたすら日本を礼賛し、盲目的な愛国主義を唱えるのは大きな間違いだ。他方、そうかと言って自国の全てを否定し、過去の歴史を一方的に批判するのも、それに劣らぬ間違いであり、愚かなことだ。なぜならそれは自分自身の存在を否定することに他ならないからである。

たしかに日本はＧＨＱにより自虐的な歴史観を植え付けられた。だが、その責任はＧＨＱの宣伝に易々と洗脳されてしまった日本人の側にある。日本は軍事的敗戦に続いて、占領下の情報戦でも負けてしまったのである。私たちはこのことを恥じなければならない。そして今こそこの精神的敗北から立ち直らなければならないのだ。

ただし、それは相手を責めることによってではなく、自分たち自身の意志と努力によって実現すべきものだ。このことをしっかり自覚して、過去の歴史を振り返り、国家としての「独立と自尊」を取り戻す覚悟が必要だ。大事なことは、過去の歴史を客観的な目で眺めて、事実はどうであったかを理解し、そこから得られる教訓を未来に活かすことである。

日本とドイツの違い

戦争責任の問題に関しては、「ドイツは誠実に謝罪し反省しているのに、日本はそれをしていない」と言う人もいる。たしかに戦後のドイツはホロコースト（六〇〇万人ものユダヤ人大虐殺）の記憶を風化させないためにさまざまな措置を講じてきた。しかし、それはあくまでもホロコーストという「ナチスの犯罪」に対する責任であって、「戦争犯罪」に対する責任ではない。ホロコーストについては謝罪したが、戦争したことを謝罪したわけではないのだ。

これに対して日本の場合は、ホロコーストのような組織的な犯罪行為はなかった。世界侵略の共同謀議に基づいて中国や米英と戦ったわけでもなかった。憲法に基づく民主的な手続きによって誕生した政府の下で、最後は自存自衛のために戦い、そして負けたのである。したがって本来、戦争責任を問われることもなく、謝罪することもなかったのである。

こうした点を曖昧にしたまま、「日本は悪いことばかりした」、「ドイツは謝罪したのに、日本はきちんと謝っていない」と決め付けるのは、事実を正確に理解していない誤った見方であり、歴史の真実から目をそらすものである。

なお、東京裁判では勝者が敗者を一方的に裁いたが、Ａ級戦犯を裁く「平和に対する罪」やＣ級戦犯を裁く「人道に対する罪」などはそれまでの国際法のどこにも存在しないものだった。そのような事後法に基づく個人の刑事責任追及は許されないはずである。このことをするどく指摘して法廷の非合法性を論証しようとしたのが日本側の弁護人清瀬一郎であった。だが清瀬の論述は何ら明確な理由が示されないまま却下されてしまったのである。

それでも日本は、サンフランシスコ講和条約により東京裁判の判決を受け入れた。戦犯とされた人たちもそれぞれ刑に服した。そして日本は平和国家として再出発する道を選び、歴代の首相は、近隣諸国に多大の苦痛や犠牲を強いたことに対して、繰り返し謝罪の言葉を述べてきたのである。

日本の自立

それにしても、なぜ日本はこれほどまで精神的に無防備状態の国になってしまったのだろうか。振り返ると、日本は敗戦の歴史を持っていなかった。唯一の敗戦が大東亜戦争であった。だが、この唯一の敗戦経験は日本人にとってはそれほど悪いものではなかった。日本はＧＨＱの占領下に置かれたものの、客観的に見れば、これほど寛大な占領統治が行われた例は他に類を見ないと言っていい。ドイツや朝鮮半島のような分割統治を免れたし、東欧諸国のようにソ連に占領支配されて自由を奪われ、弾圧に苦しむ体験もせずに済んだ。敗戦で失われたものよりも、得たものの方が大きいとさえ感じた日本人も少なくなかったのである。占領が終わって主権を回復した後も、日本は東西冷戦構造下に置かれて国の安全をアメリカに委ね、経済復興に邁進することができた。その間に朝鮮戦争の特需景気で早期に経済復興を成し遂げることもできた。日本にとっては僥倖としか言いようがない。戦後の日本は永世中立国と言われるスイスに憧れたが、そのスイスがどれほど国防に力を入れているかを知る人は少なかったであろう。

日本は本土において他国の軍隊と戦ったこともなかった。大東亜戦争においてもアメリカの爆撃による戦災は経験したが、沖縄を別にすれば、本土で敵国軍と直接対峙したわけでなかった。もちろん他国から侵略されたこともないし、外国統治下での独裁恐怖政治を体験したこともない。

この点において日本は極めて特異な国である。アメリカは過去に両軍合わせて五〇万人近い戦死者を出した南北戦争を経験している。ヨーロッパ諸国は互いに侵略し合い、領土を奪い合って、何百万人もの犠牲者や大量の難民を出し続けてきた。日本は幸運にもそのような悲惨な戦争体験がないのだ。そのため、侵略によって奪われる大事な価値や理念を想像することも苦手である。日本人にとって大切なものは何よりも命と平和であって、「自由」や「独立」を奪われることの重大さについては、実体験がないだけに実感しにくい。

他国に侵攻された経験のない日本人にとって、戦争とはもっぱら自らが外に向かって起こすものとして意識されていたとも言えるだろう。そうであれば、「もう二度と戦争は起こさない」と決意さえすれば戦争は避けられるはずだ。だから憲法前文に謳われた「平和を愛する諸国民の公正と信義に信頼して、われらの安全と生存を保持しようと決意した」という文言も、多くの日本人にとってはそれだけで立派な平和宣言になると受け止められたに違いないのだ。

しかし世界の現実はそのような見方を許さない。戦争は自ら起こすものとは限らない。他国から攻め込まれたり、巻き込まれたりすることもある。それが世界の現実である。だが、戦後の日本人にとってそのような事態を想像することは難しかった。それに加えて、当時は多くの知識人がソ連や中国のような共産主義国家を理想の国と思い込んでいた時代である。そのような国が戦争を起こすことは考えられないことだ。後には、これら独裁専制国家によって想像を絶するほど多くの人々が弾圧され、粛清され、収容所に送られ、命を奪われていたことが徐々に明らかになったが、それでも日本人は、そうした実態を正面から受け止めようとはしてこなかった。日本は世界の現実の外に安住していたのである。

だが日本にとってそのような「幸せな時代」は、東西冷戦構造の崩壊とともに終わりを告げた。そして今や、自由民主主義と独裁専制主義が対立する世界の中で、自立した国として、厳しい舵取りをしていかなければならない時代を迎えているのである。

第6章

日本の「自立」に向けて

第6章においては、現代に生きる日本人が、過去の歴史と新渡戸稲造の生き方から何を学び、それをどのようにして未来のために活かしていくべきかを考えてみたい。

1　日本を誤らせた左右の全体主義

過去の歴史から学ぶ

戦前の日本が大東亜戦争へと突き進んでいったのは大きな間違いであった。この過ちを繰り返さないためにはどうすればよいのか。重要なことは、まず過去の歴史を正しく理解することだ。そしてそのどこが悪かったのか、その問題点を見極めることだ。

歴史に無知では、グローバル化が進展する時代に諸外国の人たちと対等に付き合うこともできない。このことは慰安婦や徴用工、北方領土、竹島、尖閣諸島などの問題を持ち出すまでもなく明らかであろう。

今日の日本はアメリカと中国という二つの大国の間にあって、自らの価値観に基づいて両国との関係を維持していかなければならないという難しい状況に置かれている。

価値観に関して言えば、自由・民主・人権・法の支配などの基本的価値観を共有するアメリカとの緊密な協力関係を維持していくことが、日本の外交にとって何よりも重要な課題であろう。これに対して中国の共産党独裁専制政治と軍事力を背景とした覇権主義は、日本の価値観とは全く相容れないものである。

ただし、その一方で、アメリカとは価値観を共有するとはいえ、アメリカ社会に見られる過度の個人主義と自由競争、そこから生ずる途方もない貧富の格差、さらにその行き着く先としてのポピュリズムまで受け入れるわけにはいかない。外交面においても、世論に左右されやすいアメリカの外交政策に一方的に追随するのは危険である。他方、中国とは古くから政治的にも文化的にも多大な影響を受けてきたし、今日でも経済面では切っても切れない関係にある。その意味では今後とも重要な隣国としての安定した関係を築いていくことが重要な課題となってくる。しかし、そうかと言って、自由・民主・人権・法の支配などの基本的価値観において妥協することは許されないのだ。

さらに日本としては、米中だけでなく、ロシアや北朝鮮の脅威への対応も含めて、アジアの近隣諸国との信頼と協力の関係を深めることが極めて重要な課題となってくる。

こうした状況の中で日本の未来を舵取りするには、まず自らの立ち位置をしっかり確認して、日本人としての自信と誇りを国民全体で共有しなければならない。つまり、自己のアイデンティティを確立する必要があるのだ。そのうえで日本の国家像を明確にしていくことが求められている。そのためにはどうすればよいのか。

「人間の精神は歴史の産物である」とは司馬遼太郎の言葉である。当たり前のことだが、人間は無人の荒野で生まれるのではない。国や社会の中で生まれ、そこの文化や歴史に触れながら育つ。どんなに有能な人でも、その能力は自分の努力だけで身についたわけではない。他人の知識や経験を通じて得たものだ。意識して学んだものもあれば、いつの間にか知らないうちに身についたものもある。もうこの世にはいない死者の霊魂からエネルギーをもらうこともある。それらを含めて、「人間の精神は歴史の産物」なのだ。だから私たちは自国の歴史や伝統をしっかり学ばなければならない。学ぶことによってそこから新しい知恵と勇気が湧いてくるのだ。

その際に重要なことは、特定の政治的立場に基づいたイデオロギーの色メガネを外し、客観的な事実に目を向けることだ。過去の歴史をその光の部分も影の部分も含めて客観的な目で振り返り、そのうえで、先人の熱い思いを受け止めて、それを後世に生かしていく必要がある。

分断された戦前日本のエリート

過去の歴史といっても、日本の社会はずっと一枚岩であったわけではない。江崎道朗の『コミンテルンの謀略と日本の敗戦』によれば、明治維新以降の日本は「庶民の日本」と「エリートの日本」という二つの世界に分断されていた。庶民の日本は、毎日一所懸命働いて家族を大切にし、先祖を敬う日本、つまり親の価値観や伝統や文化を守る日本である。これに対してエリートの日本は、西洋の文明を取り入れ、経済的にも軍事的にも発展していくことで独立を守りながら、近代国家の仲間入りすることを目指す日本である。そのため多くのエリートは伝統を軽んじることになり、そのために精神的な拠り所を見失って悩む者も少なくなかった。

エリートの日本では、明治末期ごろまでは、明治憲法に従い、皇室を戴く議会制民主主義や自由経済を支持する「保守自由主義」が本流だった。その中心を担ったのは伊藤博文、陸奥宗光、原敬らである。ところが大正から昭和期に入ると、一方では、新たに社会主義や共産主義思想に共鳴し、言論統制を好むマルキシズムという「左翼全体主義」の勢力が強まり、他方では、皇室を尊崇しながらも、言論統制や統制経済を支持するファシズムという「右翼全体主義」の勢力が強まった。その結果、日本のエリートは大きく三つのグループに分かれて混乱することになった。

このうち左翼全体主義と右翼全体主義は、相対立するように見えながらも、実はどちらも、個人の自由や権利を認めず、国家統制や権力集中を好むという特徴を共有している。両者の違いは皇室を認めるか否かである。しかも、これら左右の全体主義に走った人のほとんどは、日本を良くしたいという純粋な愛国心に駆られて行動した人たちであった。具体的には、国内の貧困問題に心を痛めた人たち、大恐慌下において資本主義に代わって社会主義の時代が来ると信じた人たち、第一次世界大戦での総力戦の状況を見て日本も高度国防国家にならなくてはならないと危機感を募らせた統制派の軍人たち、ナチスやソ連の計画経済の成果に幻惑されて日本を強力な国家にするために新体制運動を進めた人たち、などである。

だが問題は、彼らエリートが金科玉条のごとく受け入れた西洋の学問・思想は、日本の社会の現実に根ざしたものではなかったということだ。単純化して言えば、日本は西欧のような階級闘争社会ではないにもかかわらず、彼らは日本の社会を、あたかも帝政ロシアの貴族と農奴の関係のようにしか理解していなかった。こうした日本のエリートたちの問題意識や理想主義に付け入るようにして巧妙な浸透工作を行ったのがコミンテルンである。そこから社会主義革命思想が生まれ、その反作用として国家社会主義思想が生まれた。つまり、どちらも日本の社会の現実に対する十分な理解を欠いたまま、外国から輸入したイデオロギー上の戦いを繰り広げたのである。それが庶民的日本から切り離されて現実感覚を失った近代日本のエリートたちの宿命だったのかもしれない。

しかも彼らは、国益よりもそれぞれの属する小集団の利益を優先して内部抗争に明け暮れた。そのため全体の足並みが揃うことがなかった。政治の世界では政友会と民政党の二大政党による政権交代が行われてはいたものの、それは互いに党利党略の立場から相手を非難し、足の引っ張り合いをした結果でしかなかった。このことに危機感を覚えたのが純粋な愛国心に燃える軍部であった。しかし彼らもまた、陸軍と海軍の間でライバル意識を燃やし、互いに敵対していた。それだけでなく、陸軍内部においては皇道派と統制派が対立し、海軍内部においては条約派と艦隊派が対立して、それぞれ主導権争いを演じるという有様だった。そうした状況の下で、視野狭窄のマスメディアが軍部や世論を無責任に煽り立てていたのである。

こうした中で、中道の保守自由主義者は、日本の伝統を重んじながら近代化を進め、立憲君主制の下での議会制民主主義を尊重し、統制経済に反対し、コミンテルンに警戒心を抱き、皇室の下で秩序ある自由を守ろうとした。だがそうした考え方は、一方では、皇室や伝統を軽視し個人の自由も認めない左翼全体主義とは相容れず、他方では、皇室や伝統を重んじるが統制を好む右翼全体主義とも相容れなかった。つまり、どちらとも相容れず、そのため左右どちらの全体主義からも攻撃されることになったのである。

代表的な保守自由主義者としては、政治家では西園寺公望や牧野伸顕、学者では民本主義を唱えた吉野作造や天皇機関説の美濃部達吉などを挙げることができる。新渡戸もその一人だ。

ここで注目したいのは、戦前の日本が全ての期間にわたって全体主義に支配されていたのではなかったということだ。少なくとも明治維新から日露戦争の頃まではそうではなかった。エリートが左右に分断され全体主義へと向かっていくのは、日露戦争後、大正から昭和にかけての時代である。そうした状況の下で、中道の保守自由主義者は左からも右からも攻撃され、沈黙させられることになったのだ。

日本人の西洋理解

新渡戸稲造が国際連盟での仕事を終えて帰国して目の当たりにしたのは、このようにエリート層が左右に分断された日本であった。そこに危機感を抱いた彼がその溝を埋めようとして取り組んだのが、早稲田大学での公開連続講義である。この講義で新渡戸は自由主義について次のように述べている。

「英吉利人から見ると、自由というものは、人生観の根底になっている。自由がなければ生きている甲斐がない。生きているということは、自由を得る為であるという風に、自由ということとライフ、ライフとリバーテーということを結びつけて、ライフとは自由だ、自由とはライフだ、そういうふうになっているから、一方に非常な弊害が起るということは割合に少ない。

……ところが、この自由ということを仏蘭西に移入すると、自由なるものの活用方法はほとんど知らない。自由というものはライフではない。一つのセオリーである。……仏蘭西は説だけ持って来て、ライフそのものを忘れて来た。仏蘭西革命において、彼のマダム・ローランドがギロチンの上から叫んだように、ああ自由よ自由よ、汝の名において幾ばくの罪が行われたであろうか、といって嘆かしめた。そのはずである。ライフとセオリーとをまだ消化しきれなかったのである。」

マルキシズムについても彼は、「英吉利の自由主義が仏蘭西に入って、彼の残酷な革命を惹起したように、マルキシズムが現在の日本人に、ただの一日でも実行されたならば、恐らく仏蘭西革命以上の惨毒をわが国家及び国民に及ぼすであろう」と述べて批判した。

ここで新渡戸が言いたかったのは、外国から輸入した学説は、セオリーのみを重んじる傾向があるため危険なことが多いということである。左右の極端な主義主張を排し、中道の立場を貫くのが新渡戸の生き方であった。

現実の世界においては、中道を貫くことはそう簡単なことではない。欧米には英国のエドマンド・バークに代表されるような歴史や伝統を尊重する健全な保守主義も存在したが、日本のエリートたちはどちらかというとフランスやドイツの急進的な思想に共鳴しやすく、バークのような保守自由主義は広まらなかった。それでなくても、欧米から遠く離れた島国においては、欧米直輸入の学問や思想は往々にして国内の現実を無視し、理念先行になりがちだ。このことは、新渡戸が指摘したように、基本的には日本人の西洋理解が上部だけの皮層的な理解に止まっており、まだまだ不十分だったことを物語っている。

こうした状況は、今日においても基本的に変わっていない。しかもその間に国際社会はより多様化し、様々な問題が複雑に絡み合って、単純な見方を許さなくなっている。こうした世界の現状について、私たちは今まで以上に、より広くより深い知識を身につける必要があるのだ。そのうえで左右の極論に惑わされることなく、中道の保守自由主義の立場に立って、諸課題に対処することが重要になってくるのである。

2 日本の民主主義の原点は「五箇条の御誓文」

戦後日本の歩み

戦前の日本のエリートが大衆と切り離されていたこと、さらにエリート自体が左右の全体主義に分断されていったことを見てきたが、その反省に立つならば、戦後の日本にとって大事なことは、ひとつは民衆とエリートの間の溝を埋めることであり、もうひとつは、左右どちらの全体主義にも与することなく、自由や民主主義を尊重する中道の政治路線を確立することでなければならない。

幸いなことに日本は、占領軍の日本弱体化政策にもかかわらず、辛うじて共産革命の危機を免れることができた。そしてその後は、東西冷戦構造の下でアメリカの強い影響下に置かれる中で、ソ連や中国のような全体主義に陥ることもなく、経済発展に照準を合わせて物質的には豊かな生活を実現し、平和と安全を享受してきた。

さらに高等教育の普及や情報技術の進歩なども相俟って、もはや戦前のような一般民衆とエリートの断絶といった現象も見られなくなった。それどころか、単線型の学校制度の下で誰もが同じように大学を目指すという極めて均質性の高い大衆社会が誕生し、国民としての一体感も高まった。政府をはじめとする公的機関に対する国民の信頼も、おそらくどこの国と比べても高い。新型コロナ感染症への対応をとってみても、いろいろ不満や批判の声はあるが、犠牲者の数は非常に少なく抑えられている。

その限りにおいては、戦後の日本の歩んできた道は、大筋において間違っていなかったと言えるであろう。それを支えてきたのは、左右の極論に与することなく、社会の現実を踏まえた投票行動を取ってきた日本人の健全な良識であると言っていい。

しかし、その反面、戦後の日本は、第5章でも述べたように戦前の伝統や文化を置き去りにし、歴史を顧みず、国家としてのアイデンティティを見失ってしまった。そしていまだに占領下の精神的敗北から立ち直ったとは言えないのである。そのため政治においても経済においても、日本が直面する重要な課題に自信を持って迅速に対応することができなくなっている。このままではグローバル化した世界の中で諸外国と対等に向き合い、自らの価値観に基づいて国際社会の中での責任を果たしていくのは容易ではない。

私たちはこのことを自覚して、明治時代の先輩たちが持っていた「独立と自尊」の精神を取り戻さなければならない。そのためにはどうすればよいのか。ここではもう一度歴史を振り返りながら、まず日本の民主主義について考えてみたい。

「五箇条の御誓文」に示された近代日本のビジョン

戦後の日本においては、占領政策によって戦前の歴史が否定された。学校においては軍国主義に代わって、新たに民主主義を教えることになった。まるで戦前の日本には民主主義などなかったかのように。

だが、明治以来の日本は全て暗黒で、否定すべきものだったのだろうか。このことを改めて確かめてみる必要がある。大事なことは過去の歴史を正しく理解することだ。それは単に戦前は良かったとか、戦前に戻れば良いとかいうことではない。戦前のどの時代の何が良くて、何が悪かったのか、問題点を見極めることが何よりも重要だ。過去の事実を事実として確認し、その中から何を守り、何を捨て、何を改めるべきかを判断する必要があるのだ。そうすることによって、戦後の日本が本来大事にすべきだった価値観や国柄が浮かび上がってくるはずだ。

そのためにはまず、近代日本が何を目指そうとしていたのかを確認することから始める必要があるだろう。近代日本の根抵となる理念は、明治維新の「五箇条の御誓文」によって示されていた。五箇条の御誓文で示された五つの条文は以下の通りである。

一　広く会議を興し万機公論に決すべし
一　上下心を一にして盛んに経綸を行ふべし
一　官武一途庶民に至る迄各其志を遂げ人心をして倦まざらしめん事を要す
一　旧来の陋習を破り天地の公道に基くべし
一　智識を世界に求め大に皇基を振起すべし

参考までに明治神宮による意訳を示すと以下の通りである。

・広く人材を集めて会議を開き議論を行い、大切なことはすべて公正な意見によって決めましょう。
・身分の上下を問わず、心を一つにして積極的に国を治め整えましょう。
・文官や武官はいうまでもなく一般の国民も、それぞれ自分の職責を果たし、各自の志すところを達成できるように、人々に希望を失わせないことが肝要です。
・これまでの悪い習慣をすてて、何ごとも普遍的な道理に基づいて行いましょう。
・知識を世界に求めて天皇を中心とするうるわしい国柄や伝統を大切にして、大いに国を発展させましょう。

さらにこの五箇条に付属する勅語において、これを「国是」として、「臣民もこの趣旨に基づき心を合わせて努力するよう」求めているのである。

こうしてみると、五箇条の御誓文とは明治維新後の統一国家を支えるための重要な方針を簡潔に述べたものであり、日本的民主主義の基本的理念の表明であったことがよく理解できる。

ではこの御誓文はどのようにして作成されたのだろうか。御誓文の原案は福井藩の由利公正が起草し、最終的に木戸孝允が修正を加えて作成されたものだが、そこに盛り込まれた内容は、戊辰戦争の最中に誰かが頭の中で考え出したというものではない。

幕末の時代、アヘン戦争で清国が惨敗したことから列強の威力に衝撃を受けた幕府は、開国を迫ってくる西欧列強の圧力外交に対してはもはや幕府だけでは対処できないと考え、広く諸藩の意見を求めることにした。すると、これを機に全国の諸藩において、士族はもちろんのこと、それ以外の有識者たちも参加して、多くの日本人が日本の進むべき道について関心を持ち、積極的に議論し発言するようになっていく。そしてその中から日本人としての政治思想が自然成長的に形成されていった。それが天皇の精神的な権威によって国民意識の統一を図ろうとする尊王思想と一体化し、明治維新の「五箇条の御誓文」として取りまとめられたのである。

基本理念は自由主義と国際協調主義

新渡戸は早稲田大学での連続講義において、五箇条の御誓文は外国との関係も重視して書かれた「明治維新の国是」であると述べて、その重要性を強調した。たしかに御誓文に示された基本理念は、列強との関係を重視した自由主義と国際協調主義に他ならない。その意味でも明治維新の国是に相応しい内容を備えたものであり、この理念を守るのが日本の保守自由主義であったと言える。

「保守」というと、何となく後ろ向きで反動的なイメージが付き纏うように見られかねない。しかし、保守とは古いものをそのまま維持することではない。「守旧」とは違う。保守の本来の意味は歴史や文化や伝統を大事にすることだ。伝統を重んじつつ、新しい時代の要請に応えて変えるべきところは変える。それが保守主義である。政治的には、国の在り方や国民にとって大事な基本的価値を守りつつ、時代の変化に順応して自己変革を遂げることである。自己変革ができなければ、それは単なる守旧派にすぎないのだ。

保守に対立する概念として「革新」という言葉が使われるが、これは国の体制そのものを根本から変えることで、かつての左翼の共産主義や右翼の国家社会主義も、その意味ではともに革新勢力であった。

では新しい時代の要請とは何か。それは西洋から入ってきた自由と民主主義の精神である。言い換えれば、近代日本が目指したのは、日本の伝統と西洋文明の融合を図ることであった。だが日露戦争後の日本のエリートは、当時の新しい外来思想の影響を強く受けて自由と民主主義を否定し、左右の全体主義へと走ってしまったのである。そのため大日本帝国憲法は蔑ろにされ、日本は大東亜戦争へと突き進んで行くことになった。

「新日本建設に関する詔書」に込められた昭和天皇の思い

一九四六（昭和二一）年一月一日、敗戦後の日本が迎えた初めての元旦、昭和天皇の詔書が発布された。この詔書は通常、天皇が自らの神性を否定した「人間宣言」として紹介されてきた。実際それがGHQ民政局の狙いでもあった。しかしそれらしいことは最後の数行に触れられているだけで、しかもその内容は日本人にとって当たり前のことでしかない。

もともと日本人は、天皇をキリスト教に見られるような万物の創造主としての神、すなわちゴッドなどとは考えていなかった。明治憲法では軍隊を指揮する統帥権が天皇の大権として独立していたため、現実には、軍国主義の高まりとともに、天皇を神格化する傾向が強くなったことは否めない。しかし明治憲法下においても、天皇が神（ゴッド）であったことはなかったし、それは明らかに明治憲法の精神に反するものでもあった。だから、この詔書の本文のどこにも「人間宣言」などという文言は見当たらないのである。

その代わり、詔書の冒頭で述べられているのは「五箇条の御誓文」である。しかもその全文が引用されている。これは原案にはなかったもので、昭和天皇の強いご意向で大事な冒頭に加えられたものであった。

五箇条の御誓文を引用したことについては、昭和天皇ご自身が一九七七（昭和五二）年八月の記者会見においてこう述べておられる。

「それが実はあの時の詔勅の一番の目的なのです。神格とかそういうことは二の問題であった。それを述べるということは、あの当時においては、どうしても米国その他諸外国の勢力が強いので、それに日本の国民が圧倒されるという心配が強かったから。

民主主義を採用したのは、明治大帝の思召しである。しかも神に誓われた。そうして五箇条の御誓文を発して、それがもととなって明治憲法ができたんで、民主主義というものは決して輸入のものではないということを示す必要が大いにあったと思います。

それでとくに初めの案では、五箇条の御誓文は日本人としては誰でも知っていると思っていることですから、あんなに詳しく書く必要はないと思っていたのですが。幣原がこれをマッカーサー司令官に示したら、こういう立派なことをなさったのは、感心すべきものであると非常に賞讃されて、そういうことなら全文を発表してほしいというマッカーサー司令官の強い希望があったので全文を掲げて、国民及び外国に示すことにしたのであります。

そして、日本の誇りを日本の国民が忘れると非常に具合が悪いと思いましたから。日本の国民が日本の誇りを忘れないように、ああいう立派な明治大帝のお考えがあったということを示すために、あれを発表することを私は希望したのです。」（高橋紘・鈴木邦彦編著『陛下、お尋ね申し上げます』）

このことからも明らかなように、この詔書の狙いは、日本の民主主義は日本にもとからあった五箇条の御誓文に基づいているということを示すことによって、敗戦で打ちひしがれている国民を勇気づけ、日本の誇りを忘れないようにすることにあったのである。

「日本は戦前から民主主義であった」

詔書が発布されたのと同じ年、日本国憲法案を審議した衆議院本会議において、当時の吉田茂首相も、「この御誓文を見ましても、日本国は民主主義であり、デモクラシーそのものであり、あえて君権政治とか、あるいは圧制政治の国体でなかったことは明瞭であります」と答弁している。

ところが、私たちはそのようなことは学校で教わってこなかった。民主主義は戦後アメリカによってもたらされたものだと教わり、そう思い込まされてきた。そしていつのまにか、あたかも戦前の日本には民主主義が存在しなかったかのような間違った考え方をするようになってしまった。

だが、もし本当に戦前の日本に民主主義がなかったとしたら、「大正デモクラシー」も説明がつかないことになってしまう。歴史を振り返ればわかることだが、実際にはすでに戦前において普通選挙が実施されていたし、言論の自由もかなり広く認められていた。帝国議会では自由な論戦が戦わされ、政府批判の演説も自由に行われていた。婦人参政権が認められたのは戦後になってからだったが、それは多くの日本人が憧れの念をもって眺めるフランスやスイスにおいても同じであった。

戦後の占領下においては、たしかに徹底した改革が行われた。だがそのうち実際に日本に根付いたのは、政治制度にしても、農地改革にしても、教育改革にしても、全てそれまで明治から大正期において積み上げてきた基礎があったものばかりである。そうでない改革は独立回復後に日本の実情に合うように変更されていったのだ。戦後の日本で民主主義が定着したのも、それが「広く会議を興し、万機公論に決すべし」にはじまる五箇条の御誓文に沿ったものだったからである。

そもそも天皇の権限についても、五箇条の御誓文に基づいて制定された大日本帝国憲法下の立憲君主制においては、天皇は最高統治権者ではあったが、国務大臣の輔弼なしに単独ではいかなる統治権の行使もできないことになっていた。国務大臣の輔弼責任のもとで行われた決定を拒否することもできなかった。それが明治憲法下における立憲君主制の原則であった。日本の天皇は決して専制君主でもなければ、独裁者でもなかったのである。この点において当時のドイツやロシアの皇帝とは大きく異なるのだ。

今こそ、戦後日本の再建に懸けた昭和天皇のお気持ちに思いを致し、自信と誇りを持って五箇条の御誓文の精神に立ち返る必要がある。

「国民統合の象徴」の意味

一九四六（昭和二一）年一一月に公布された戦後の日本国憲法では、天皇は「日本国の象徴であり国民統合の象徴」とされた。この言葉は日本人にとっては耳慣れないものだった。そのため多くの国民は戸惑いを感じた。これにより戦前の天皇制が全面的に否定されたと受け止めた人も少なくなかったであろう。

実は、「国民統合の象徴」という言葉は一九世紀のイギリスのジャーナリストであるウォルター・バジョットの『イギリス憲政論』に由来するもので、ＧＨＱはこれをもとに日本国憲法の天皇条項の原案を起草したといわれる。しかし、戦前の日本においても、大日本帝国憲法下における天皇制を説明するのに「国民統合の象徴」という言葉を用いていた人がいる。新渡戸稲造である。

彼は『武士道』の中で、フランスの政治学者エミール・ブートミーがイギリス王室について「それは権威を表すだけでなく、国民統合の創始者であり象徴でもある」と言っていることを紹介しながら、「この事は日本の皇室については二倍にも三倍にも強調すべきことである」と述べているのだ。実際、イギリスと比べても、日本の皇室はより長期にわたる血統に基づいた家系であり、そのため皇室に対する国民の忠誠心も極めて強いことは明らかである。さらに彼は、晩年に著した英文『日本―その問題と発展の諸局面』の中でも、「(天皇の) 家系は国民全体を包括する」ので「天皇は、国民の代表であり、国民統合の象徴である」と明言している。

このように新渡戸は、日本の天皇こそ「国民統合の象徴」に相応しい存在であると考えていた。もっと正確に言えば、明治憲法下の天皇は、一方では権威を表す存在であると同時に、他方では、万世一系の家系によって「国民統合の象徴」と言うに相応しい存在であると説明していたのである。

もちろん彼は、戦後の象徴天皇制を想定していたわけではないし、提唱したわけでもない。とはいえ、それが戦後の象徴天皇制という考え方に影響を与えた可能性は全くないとは言い切れない。王政や天皇制についての知識が乏しいアメリカ人とって、新渡戸の皇室論から学ぶことは少なくなかったはずだ。

いずれにせよ、戦後の日本国憲法においては、明治憲法下におけるような天皇の政治的権威は否定された。しかし、もう一つの「国民統合の象徴」という役割は残されたのだ。このことからも、「国民統合の象徴」は天皇の役割としては決して新しいものではなく、以前からも存在していたものであることが明らかである。当然のことだが、象徴とは単なる飾りや印のような軽い存在を意味するものではない。明治憲法下においてもそうであったように、あくまでも万世一系の君主制の伝統に根差した「国民統合の象徴」として理解すべきものなのだ。

戦後民主主義の課題

今日の日本においては、戦前のように民衆とエリートの分離という現象はもう見られなくなった。では、戦前のエリートを三つに分断した政治的思想や行動の構図は、戦後はどのようになったのだろうか。

戦後の日本においては、占領政策の後遺症で歴史の振り子が大きく左に振れてしまった。そのためどこが中道なのかも分かりにくくなっている。それでも、現実を客観的に眺めれば、今日の日本においては、戦前の一時期に見られたような右翼全体主義の勢力はもはや存在しないと言っていい。他方、左翼全体主義を志向する勢力は無くなっていない。中でも共産党のイデオロギーや組織原理は、我が国の自由や民主主義とは相容れないものがある。また、戦後の日本においては、平和憲法こそが日本の安全を守ってくれると信じている人たちも少なくないようだが、そうした思い込みは、根拠のない架空の観念に忠実である点において、神国日本の不敗神話を信じた戦前の軍国主義者と変わりがない。そのような勢力と手を組む政党があるとすれば、それは中道とは言い難いであろう。

民主主義にとって望ましいのは二大政党による政権交代だと言われる。だが日本の場合、これまでそのような二大政党は育たなかった。その代わり自由民主党が幅広い中道勢力を抱え込み、党内での政権交代を実現してきた。その路線は中道の保守自由主義と言っていい。もちろん、それでは必ずしも民意を反映した政権交代とは言えない。しかしそれにもかかわらず、これまでのところ、責任政党として国民の負託に応えられる中道の政党が他には存在しなかったのである。

しかし今後ともこの状況が続くとは限らない。これまで政権を批判するばかりだった野党が、戦後日本を支配してきた左翼イデオロギーから脱して現実的な政策を打ち出すことができるようになれば、日本の政治も大きく変わるであろう。

民主主義が機能するためには、言論の自由が保障されていることが必要不可欠である。この点に関しては、日本では憲法で言論の自由が保障されているし、もちろん検閲もない。それだけに世論の形成に大きな影響を及ぼすマスメディアに課せられた責任は極めて重大である。だが、果たしてマスメディアはその責任を果たしているだろうか。

過去を振り返ると、南京虐殺問題や慰安婦問題に関して見られたように、事実を歪曲あるいは捏造して国益を害したり、外国勢力と通じて反日感情を煽ったりするような不適切な報道もあった。それを繰り返してはならない。また重要な事実を把握しながらそれを故意に公表しないということもあってはならない。権力を監視するのはメディアの重要な役割ではあるが、報道はあくまでも事実に基づいた客観的で公平なものでなければならないのだ。

日本型民主主義への期待

日本の民主主義は必ずしも欧米と同じではない。欧米の民主主義は意思決定の主体を重視する。それが「人民による政治」である。そこでは有権者による選挙で選ばれた代議員が、多数決によって物事を決めるのが原則である。さらに特定の人物や組織に権力が集中するのを避けるために、三権分立や任期制を定めている。だが、それにも関わらず、実際にはさまざまな手段を用いて有権者の投票行動に影響力を行使する圧力団体が存在し、特定の集団を利する結果を招くことも珍しくはない。これでは弱肉強食の民主主義になってしまう。

これに対して日本においては、誰による政治かということよりも、誰のための政治か、つまり政治の目的や対象を重視する傾向が強い。すなわち「人民のための政治」である。

そもそも日本人にとって、国は祖先から伝えられたものであって、アメリカの独立宣言にあるような、「神によって平等に造られた人間」が「神から授かった一定の権利」を確保するために、「社会契約を結んで政府」を設けたという考え方には立っていない。国家が人民に属するのではなく、人民が国家に属すると考えるのが普通である。江戸時代の米沢藩主上杉鷹山が「人民を敬し、人民のための仁政」を目指し、「国家人民のために立てたる君にて、君のために立てたる国家人民にはこれ無く候」と述べたのも、そうした民権重視の思想の表明である。この考え方は、現代の私たちにも十分に納得のいくものだ。だから「人民による政治」よりは「人民のための政治」を重視することになるのであり、そうした中では、政治を行う者は、

「民の憂いに先んじて憂い、民の楽しみに後れて楽しむ」ことを期待されるのだ。それが日本の政治の理想であり、伝統である。欧米の近代民主主義にはそのような発想は見られない。というよりも、政治家にそのような有徳性を期待すること自体が、彼らの民主主義の理念に反するのである。

こうした違いが生まれたのは、ひとつには日本の社会が階級や民族や宗教の違いに基づく内部闘争とはほとんど無縁の、極めて同質性の高い社会だったからであろう。さらにそれに加えて、日本においては力による統治を意味する「覇道」よりも、仁徳による統治を意味する「王道」に高い価値を置く儒教思想の影響も大きい。

それは見方を変えると、人間観の違いに由来すると言ってもいい。すなわち、欧米の民主主義はキリスト教の原罪的人間観に基づく人間不信を前提としており、そこから「権力は腐敗する」という考え方が出てくる。だから任期制が必要とされるのだ。これに対して日本においては、あるいは東洋においてはと言ってもよいだろうが、王道思想に基づいて、天命を受けた為政者に信頼を置く楽観的な人間観を前提としている。その代わり、徳を失って天命に背いた為政者は、別の為政者にとって代わられるのだ。それが「易姓革命」である。

現実に目を向ければ、日本では戦後の自民党中心の保守政権の下でも、社会的弱者への支援や地方への財源再配分など、国民の一体性を重視する社会政策が実施されてきた。また、日本には「数の暴力」という言葉があるくらいで、多数決によって物事を決めることをできるだけ避けて、「コンセンサス」を重視する傾向が強い。勝ち負けを明確にするのではなく、可能な限り全員の納得が得られる結論を出すように努めるのである。

こうした日本式の意思決定には時間がかかるが、その代わりいったん方針が決まれば、そのあとの実行は早い。なぜなら、誰もがそこに自分の意思が反映されていると思えるからである。仮に政権担当者が変わっても、それによる社会の激変を避けることもできる。平和を維持するには、極端な政策によって社会の分裂や激変を招くことは避けなければならないのだ。ただし、これが行き過ぎると重要な課題に迅速に対応することができなくなってしまうので、迅速性と協調性のバランスを取ることが極めて大事になってくるのである。

今日、広く世界に目をやれば、そこにはさまざまな政治形態が混在していることがわかる。同じように民主主義を標榜する国であっても、その実態を見ると実に様々である。それ以外に独裁的あるいは強権的な専制政治を行う国も少なくない。そうした中で、日本としては民主主義の理念を大事にすべきことは言うまでもない。その上で、私たちが理想とするのは「人民のための政治」であることを忘れてはならないのだ。

私たちは「万機公論、上下一心」の精神に基づいて「人民のための政治」を志し、道義的国家として世界の平和と繁栄のために貢献することが期待されているのである。

3　道義国家としての品性

なぜ伝統や文化を尊重するのか

明治以降の日本のエリートは過去の伝統や文化を切り捨てることによって近代化に成功し、世界の仲間入りを果たした。しかし、伝統や文化を切り捨てたのは、必ずしも彼らの本意ではなかった。近代化を急ぐためにはあえてそうせざるを得なかったのである。そのために精神的な葛藤に悩まされる者も少なくなかった。ただし、それはエリートの世界の問題であって、一般大衆はそれとは別に、日本の伝統文化に浸りながら日常生活を送ってきたのだ。そしてこの二つの世界が融合することは戦前においてはなかった。

敗戦後、日本の社会は未曾有の大きな変化を経験することになった。GHQの占領政策によって戦前の日本は悪いことばかりしたと決めつけられ、そのため自らの歴史や伝統や文化に価値も見出すことも、誇りを持つこともできなくなってしまった。こうして自信を喪失した日本人の精神的な真空地帯に空気のようにして入り込んできたのが、豊かな物質文明を誇るアメリカの大衆娯楽文化であった。その結果、それを意識するかしないかは別にして、多くの日本人がアメリカに憧れ、アメリカをお手本にし、アメリカ化された価値観を身につけるようになった。

しかしその後、高度経済成長を達成し、東京オリンピックや大阪万国博覧会を経験して先進国の仲間入りを果たすようになると、日本人は次第に自信を取り戻し、グローバル化時代を迎える中で、自分の足元を見つめ直すようになっていく。それは新しい自分探しの旅であった。

そうした時代の変化を反映するものの一つに、例えば世界遺産への関心の高まりがある。世界遺産は一九七二（昭和四七）年の世界遺産条約に基づいてユネスコが実施している事業だが、日本は当初二〇年間この条約を批准しなかった。ようやく批准したのは一九九二（平成四）年のことで、先進国の中ではもっとも遅かった。当時の日本の関心事はもっぱら経済であったため、明治以来の「西洋に追い付き追い越せ」の思考枠組から抜け出せず、自国の文化や自然などに価値を見出してそれを保護するなどという発想は生まれてこなかったのだ。

しかし、一旦条約を批准し、翌年に法隆寺と姫路城の二件が文化遺産、白神山地と屋久島の二件が自然遺産としてそれぞれ登録されると、そのあとは、各地で世界遺産の登録に向けた動きが一気に加速しはじめたのである。その後、日本の世界遺産は増え続け、二〇二一（令和三）年現在では、文化遺産が二〇件、自然遺産が五件、計二五件が登録されている。

このように日本の世界遺産が増えたのは、地方自治体が積極的に地元の歴史的・文化的な遺産を掘り起こし始めた結果であり、それをきっかけに多くの日本人が海外だけでなく、国内の歴史や伝統文化の持つ価値にも高い関心を示すようになったのだ。

人間は好むと好まざるとにかかわらず、過去とつながって生きている。無から誕生した者は誰もいない。親の子としてこの世に生を受けた時点で、私たちはすでに過去とつながっているのであり、生まれながらにして歴史や伝統文化が私たちの心と体の一部を成しているのである。それが自己のアイデンティティであり、私たちの発信力のもとになりうるのだ。

私たちは戦後三〇年ほどを経てある程度の物質的豊かさを達成したところで、ようやくそのことに気がついた。そして今日、自らの精神的な支えを探し求める中で、過去の歴史や伝統や文化の持つ価値を見直すようになったのである。そうしたこともあってか、今日の日本の若者には旧世代に見られたような外国と外国人に対する劣等感というものはほとんど見られなくなった。

世界で活躍する日本人

今日、多くの分野で世界の第一線で活躍する日本人が増えている。芸術やスポーツの分野では特にそうである。このように世界という大きな舞台で勝負し、そこで高い評価を受けている日本人を見ると、何かしら他の国の人たちには見られない日本的なものを持ち合わせていることに気が付く。彼らに共通しているのは、幼少のころから厳しく自分を律しながら、世界最高のレベルを目指して努力を重ねてきたことはもちろんだが、その際、普遍的な世界の中に日本人ならではの価値観や感性を持ち込むことによって成功を収めているのだ。

日本の美術工芸品に見られる高い芸術性は、日本人の感性と細部へのこだわりや粘り強さによって完成したものである。日本のデザイナーが世界で活躍するのも同じことであろう。映画においては、黒澤明や小津安二郎は海外の映画監督にも大きな影響を与えた。その伝統は今日の若い世代にもしっかりと受け継がれている。

世界共通のルールに従って勝負を競うことから普遍性が高いと思われているスポーツの世界においても、日本の選手は日本人らしい粘り強さや協調性を発揮して成果を上げている。高度な技を駆使して勝負に挑む厳しい世界にあっても、日本の選手は常に礼儀を忘れない。その姿が多くの観客を感動させ、共感を呼んでいるのだ。

最近では、例えば、投打の二刀流を自ら楽しみながら全米を熱狂させている野球の大谷翔平の人柄や立居振舞いがそうである。異次元の世界に挑戦しているフィギュアスケートの羽生結弦についても同じことが言える。彼らはこのように自分の言葉や行動を通じて日本文化の魅力を世界に発信し、世界中から高い評価を得ているのである。

外国人を魅了する日本文化

日本文化を海外に発信しているのは芸術家やスポーツ選手だけではない。日本を訪れる外国人たちが一様に称賛して止まないのは、どこでも見かける普通の日本人の礼儀正しさや正直さである。日本では財布やカメラを落としても無事に持ち主に戻ってくるし、道路にごみを捨てる人もほとんどいない。電車に乗るときも割り込みをせずに整然と列をつくって並んで待つ。東日本大震災の際、礼節を守り、互いに譲り合い、整然と行動した人々や、自分を犠牲にしてでも家族や友人を救おうとした人々の姿に世界中が感動したことも、まだ記憶に新しい。

日本人の勤勉さも多くの外国人の認めるところだ。何事によらず細部にまでこだわって丁寧に仕上げるという職人気質は、仕事における完璧主義や、向上心を生み出すのみならず、創造性の源泉ともなっている。ビジネスの世界においても、顧客にもっとも近い現場で働く人たちのさまざまな創意工夫が、サービスの向上や品質の高さを生み出している。しかもそれが単に顧客の満足度を高めるだけでなく、働く人自身の喜びや満足感にもつながり、生きがいにもなっているのだ。そこには経済合理性だけでは測ることのできない日本人独特の勤労観が表れている。日本人にとって働くことは人生そのものなのだ。

そのような勤労観を支えているのは分厚い中間層の存在である。そこには、世の中が多様な役割を分担する人たちの協働で成り立っているという共通認識が行き渡っている。そのような社会が出来上がったのは、日本には富と権力を独占する支配階級が存在しないからであろう。それが七〇〇年も続いた武士の支配する日本社会の伝統であり、その伝統が今日においても生き続けているのである。

言い換えれば、日本においては、役割分担による違いはあっても、身分や貧富による差別がない。組織の中での上下関係はあっても、人間としてはみな同じ扱いを受ける。駅や道路や公衆便所の清掃も、ゴミの収集なども、海外では外国人労働者の仕事になっているところが多いが、日本では普通の日本人の仕事だ。身の回りを清潔にすることは、汚れを嫌う神道の影響もあって、日本では誰もが心がけなければならない大事なこととされている。だからそれに従事する人も誇りを持って与えられた役割を果しているのだ。このように職業に貴賤はないという平等意識や同胞意識が共有されていることが、日本人の協働精神を支えているのである。それが日本人の公徳心であり、同じアジアにあっても儒教社会には見られないものである。

現代に生きる武士道精神

一六世紀以来、日本を訪れた西洋人は一様に、日本人の礼儀正しさ、正直さ、誠実さを称賛してきた。日本に初めてキリスト教を伝えたスペイン人フランシスコ・ザビエルは、日本人のことを「今まで出会った異教徒の中でもっとも優れた国民」と評し、特に名誉心と、貧困を恥としないことを褒めた。トロイの遺跡を発見したハインリッヒ・シュリーマンは、日本人の清潔なこと、役人が賄賂を拒否すること、船の人足が正当な運賃以外は受け取ろうとしないことを称賛した。

西洋人が注目した日本人の美徳は、長い歴史を通じて育まれた日本の国民性にほかならない。それは今日の日本人においても決して失われていない。

日本人の持つこうした特質は、「私よりも公」を優先し、「名を惜しみ、恥を知る」ことを大事にした武士道の精神とも通じ合う。新渡戸が武士道という言葉で表現した倫理道徳は、もとは武士階級だけのものだったが、それが次第に日本人全体の国民道徳となっていった。柔道を創始した嘉納治五郎は「精力善用・自他共栄」を唱えたが、これは彼の生まれ育った造り酒屋の規範でもあった。

商工業者の倫理道徳に関しては、「日本資本主義の父」と言われる渋沢栄一が重要な役割を果たした。渋沢にとって最も深刻な問題は、儲け主義に走る商人たちの振る舞いであった。事業で利益を追求するのは重要なことだが、それは仁義や道徳を重んじることと均衡がとれてはじめて健全に機能するというのが彼の考えであった。そこで彼は、経済活動の第一線を退いた後、一九〇七(明治四〇)年に牧野伸顕文部大臣や東京帝大総長はじめ学校長数名を晩餐会に招き、「商人に学問は必要ないという時代はすでに終わった。本日はこれからの日本の教育について意見を交換したい」と挨拶した。この席に招かれていた客の一人が新渡戸で、彼は「昔は武士が威張っていたし、近頃は戦争のあおりで武士、軍人、武士道などといって得意になっているが、これからは武士道の武の字を取り除き、学者も商人もともに人格の高さで尊敬されている士道、つまり紳士道でいかなければならない」と述べている。これが渋沢と新渡戸の初対面であった。

その後の二人は、すでに見てきたように、日米関係や満洲問題への対応をめぐって互いに緊密に協力し合うことになる。そして渋沢は、「武士道は即ち実業道なり」、「富の根源は何かと言えば、仁義道徳である」、「士魂商才」を唱えて、「経済と道徳の一体化」を説き、新しい企業経営の担い手を育てることに尽力した。彼の講話をもとにして編集された『論語と算盤』は今でも多くの人に読み継がれている。

渋沢が日本に定着させた資本主義は、私利私欲の追求を目的とするものではなく、社会に貢献することを目的とした公益重視の資本主義であった。今日でも日本の企業の経営理念を支えているのは、基本的には、企業を社会的公共物とみなして多数のステークホルダーを大切にする考え方であり、米国流の株主利益を最優先する自由競争型の資本主義とは大きく異なるのである。

戦後の日本は過去の日本と切り離され、物質的な豊かさと平和な生活を追い求めるうちに、「公」の精神が薄れてきたとも言われている。さらに近年はアメリカ的な経営手法が導入されて株主の利益を重視する傾向も強まっている。しかし、それでもなお、武士道という日本人の持っていた国民道徳の伝統がなくなったわけではない。それは現代の私たちの中にも脈々と息づいているのであり、日本は今でも道義国家としての品性を失ってはいないのだ。

個々の徳目のどこに重点を置くかは、それぞれの民族や集団の置かれた文化的環境によって異なるだろう。しかし日本の伝統である武士道精神は、基本的な道徳規範として、洋の東西を問わずどこにも共通する普遍的な性格を備えている。他の国々においてはグローバル化の進展とともに失われつつある道徳規範が、日本では今もなお多くの日本人の日常生活の中に生き続けているのだ。だからこそ、日本人が見せる振る舞いが世界の人々を魅了し、共感を呼ぶのであろう。

私たちはこうした日本の文化や伝統にもっと自信と誇りを持っていい。否、持つべきだ。もちろん、自慢するためでもなければ、宣伝するためでもない。日本的なものの価値を理解し、それに共感してくれる仲間が一人でも多く増えることが、お互いの幸せにつながると思うからであり、それを後世にもきちんと伝えていきたいと思うからである。

ローカルな文化がグローバルな価値を生み出す

日本が世界から注目されていることは、和食やアニメが多くの国で人気を博していることなどからも確認することができる。それらの日本文化が「クールジャパン」として世界から高く評価されているのだ。

明治以降の日本は積極的に欧米の文化を吸収し、その影響を受けながら衣食住の様式を和式から洋式へと変化させてきた。それだけに、近年になって逆に日本の文化が注目されることには戸惑いを感じることもある。しかし、歴史を振り返れば、近代ヨーロッパ社会が今日のような豊かな生活スタイルや経済基盤を作り上げることができたのは、豊かなアジアが存在したからであった。一七〜一八世紀の世界の経済活動の中心として隆盛を極めたのはアジアである。そのアジアから香辛料やコーヒー・紅茶、綿織物、陶磁器などの物産を大量に輸入し、さらにアメリカ大陸の銀をはじめとする豊富な資源をぬれ手に泡のごとく入手できたことが、それまで遅れていたヨーロッパ社会を豊かにしたのである。そのことを考えると、今日の「クールジャパン」現象は決して驚くには当たらないのだ。

このことはまた、私たちに重要なことを教えてくれる。それは、それぞれの国や地域が長い歴史の中で築きあげてきたローカルなものにこそ、真の文化的価値が宿っているということだ。

ローカルなものがなければグローバルな価値は生まれない。言い換えると、グローバル化時代だからこそ、ローカルなものの価値を大事にしなければならないのである。

グローバル化とは決して世界が一色に染まって平べったくなることではない。世界が一色になるということは、単一の価値観に基づいて人類全体が統治される世界共同体を意味する。それはジョージ・オーウェルが『１９８４』の中で描いた「ビッグブラザー」に支配される世界だ。果たして誰がそのような世界の出現を望むだろうか。

我々が目指すべきは、それとは逆に、世界がつながればつながるほど、それぞれの国や地域に根を張ったローカルな文化が国境を越えて拡がっていくような世界でなければならない。多様な文化の出会いが人々の人生を豊かにし、共に生きる喜びをもたらす世界でなければならない。その意味では、グローバル化時代とはローカルな価値観を世界に広めていく可能性を秘めた大競争の時代と言っていい。そこではローカルなものがグローバルな価値を生みだすのだ。そのような時代に重要な役割を果たすのは、それぞれの国や地域の持つ発信力である。

「文明の伝播」が世界を豊かにする

新渡戸は、東京帝大の植民政策講義において、将来、政治的軍事的植民がなくなった後においても、自国の思想や文化を伝播するための活動は残るだろうと述べて、「植民は文明の伝播である」という言葉を遺した。今日、日本の文化や価値観が、世界の人々に広く受け入れられているという現象は、まさに彼のいう「文明の伝播」の端緒に他ならないのだ。

ただし、過去において日本の芸術や文化の価値を正当に評価し、それを世界に発信したのは、残念ながら日本人ではなかった。ラフカディオ・ハーン、ブルーノ・タウト、ポール・クローデル、オイゲン・ヘリゲル、ドナルド・キーンなどの外国人である。日本人でそれに匹敵する役割を果たしたのは新渡戸稲造、内村鑑三、岡倉天心ぐらいしかいない。

自分のことを誇るのは日本人の好むところではないかもしれない。しかし日本の文化を客観的に評価し、その特質をきちんと認識することは重要なことだ。そのうえで、自らそれを体現し説明できる日本人が増えていくとすれば、それはそれで非常に好ましいことだ。グローバル化の世界では外国人と接触する機会が増えるが、その時外国人から質問されることはほとんどが日本に関することであろう。それにきちんと答えられないと、外国人とは対等に付き合うことができないのである。

だとすれば、世界から信頼され尊敬される日本人になるためにも、まず私たち自身が日本の伝統文化の価値を理解する必要がある。そのうえで、積極的に外国の人とも触れ合い、異文化理解の推進者となることによって、世界の平和に貢献できるのだ。

新渡戸の生涯にわたる活躍を支えたのは武士道精神である。それは彼が誇り高い武士の家に生まれ育つ過程において身に付けたものであり、それが彼自身のアイデンティティとなったのだ。私たちはそのようにして過去からの豊かな文化の継承者となるのであり、それを通じて人類社会の文化を豊かにすることができるのである。

「インターナショナル・ナショナリスト」を超えて

新渡戸は、戦前の日本を代表する国際人として日本を海外に発信した。その彼が自ら理想としたのは、「インターナショナル・ナショナリスト」としての生き方であった。そして生涯を通じてそれを国内でも国外においても実践した。

彼は国際間の平和と協力の必要性を説いたが、その際、国家が果たすべき役割を軽視することは決してなかった。新渡戸においては、国家は格別の重みをもっていた。そして国家がまともに機能するためには、その構成員である個人の自由と尊厳を守ることが必要不可欠となってくると考えた。だから彼は、政府が個人の自由を抑圧してはならないと主張した。

しかし、二十一世紀の今日、国際化が進んで国境の壁が低くなり、交通及び情報通信技術の発達で世界がひとつに結ばれるようになった。それとともに、今やインターネットを通じて、個人レベルで世界全体が繋がる時代となった。その中で、私たちの住む世界は、人類全体が地球環境と資源の有限性という大きな制約の中で生きていかなければならない時代を迎えている。中でも環境問題や気候変動の問題を考える時、同じ地球人という意識を持たない限り、個々の国が直面する課題についても解決の道筋が見えてこない。持続可能な社会を構築していく上で一人ひとりの個人の果たす役割が増大しているのである。

他方で、いくら国際化が進んだからといっても、それで国家が要らなくなるわけではない。社会の制度、ルールを決めているのはやはり国家である。国家抜きには我々の生活は成り立たない。その限りにおいて、国の役割が重要であることには変わりない。とはいえ、それと並行して、個々人が地球規模で物を考え、人類全体の繁栄を最優先する行動をとらなければ、国や個人の生存すら危うい時代になってきたのだ。そのような時代には、一人ひとりの個人が、日常的に生活する場としては特定の国や地域に帰属しながらも、同時に「グローバル社会の一員」としての自覚をもって行動することが求められる。

　この新しい状況に対処するには、新渡戸の時代のように国家を基本としたインターナショナル・ナショナリストという生き方だけでは十分とは言えない。国家の枠組みを超えてグローバルな視点と問題意識をもちながら、同時にローカルな場を拠点にして活動できる人が求められるのだ。グローバルな視点を持ちつつ、ローカルな立場で行動する人である。

　日本は島国であるせいか、長い間、内と外を区別する考え方が根強く残っていた。そのため国内問題と国際問題を別のものとして捉える傾向が強く、これらの問題に取り組む人も、これまでは国内派と国際派に分かれていた。しかし今日のグローバル化した世界においては、そのように内と外を区別する考え方は通用しない。大事なことは、「外交は内政の延長である」と言われるように、国際関係の問題を国内問題の延長として捉えることであり、同時に、国内問題も国際関係という広い枠組みの中に位置付けて捉えることだ。一方で全地球的な視野を持って国内問題に取り組み、他方で国内にしっかり足場を築いて世界を舞台に活躍できる人が増えていかなければならないのだ。

　これを言い換えれば、「地球社会の一員としての責任を果たす日本人」でなければならないということである。つまり、これからの時代には、日本国民としての道徳だけでなく、平和で持続可能な地球社会を構築するための地球市民的道徳が求められるのだ。地域レベルでのローカルな取り組みが、世界全体を豊かにし、結果的に国家の存在意義を高めることにもつながっていくのである。その意味では、これからは「インターナショナル・ナショナリスト」を超えて、伝統文化を尊重しながら人類社会のために貢献できる「グローバル・ローカリスト」とでも呼ぶべき人が増えていかなければならないだろう。

４「学問の目的は、高等なる判断力を養うこと」

俯瞰する力

戦前の日本のエリートの犯した過ちは、一言で言えば、国の命運を左右する重要な政策判断を誤ったということである。

「人間は考える葦である」とはパスカルの言葉だが、私たちは生きている限り、常に物事を考え、判断しながら行動している。それだけに的確な判断力を身につけることの重要性はいくら強調しても、強調しすぎることはない。とりわけ社会の指導的立場にある人にとっては何よりも優れた判断力が強く求められる。

ではどうすればそのような的確な判断力を養うことができるのだろうか。この問題について少し考えてみたい。

現実の社会において私たちが直面する問題は、どれも複雑で、互いに絡み合っていて、簡単に黒白をつけることが難しいものばかりだ。そのため、つい物事の一面しか見ずにそれがすべてだと思いこみ、それに基づいて判断し、行動してしまうことが少なくない。今日のように激しく変化する時代にあっては、なおさらそうである。そのため、つい短絡的で偏った見方をしてしまい、ＡかＢか、右か左かといった極端な議論に走ってしまうことにもなる。近年はインターネット技術、特にソーシャルメディアの発達によって、その傾向がますます顕著になっている。ソーシャルメディアには価値観の似た者同士が集まってしまうため、異論に耳を傾けようとしなくなるのも大きな問題だ。

たしかに右や左といったレッテルを貼ってしまえば、それだけで何となく分かったような気分になる。だが、それはただの錯覚に過ぎない。ますます実態が見えなくなってしまうだけだ。重要なことは、レッテルをはがして物事の本質に迫ることだ。

そのためには高度な判断力を身につけなければならない。その基礎となるのは、さまざまな知識や情報に基づいて、こうなったらその先どうなるかと先を見通す想像力、あるいは深い洞察力である。そのためには物事の一面だけを見るのではなく、全体を俯瞰できる幅広い教養が必要になってくる。

新渡戸は、狭い専門分野に閉じこもらず、広く世界を俯瞰することができた。その能力は若いころからの膨大な読書量と、国内外のさまざまな分野の人たちとの幅広い交流を通じて培われたものだ。それが教養というものである。彼が一高校長時代に生徒たちに好んで使った言葉の一つに「センス・オブ・プロポーション」があることは第1章でも述べた。もう一つ彼が好んだ言葉に、「センモンセンスよりもコモンセンス」というのがある。専門知識よりも常識、つまり幅広い教養が大事だという意味である。

彼は専門と教養の関係について、「一般教養は教育の遠心力であり、専門訓練は求心力である。両者の正しい調和のとれた協力によってはじめて、人は良く均衡のとれた精神形成を期待できる」と述べている。そうした教養を身につけることによって、人はより良い生き方を選択し、より良く生きることができるのだ。

だが、現実に目をやれば、専門知識ばかりが強調されて、教養が軽視されていることは否めない。だからこそ新渡戸は教養の重要性を強調したのだが、それから一〇〇年を経た今日、社会のあらゆる分野でますます専門の細分化が進んでいる。それだけに、幅広い教養を身につけることの重要性はますます高まっていると言わなければならないのである。

欧化主義の功罪

明治以来、日本人にとって知識とは、もっぱら近代化の先進国である西洋の学問文化を学ぶことを意味していた。しかもそれは主として書物を通じて輸入された学問である。そのおかげで、普段はあまり意識もしないが、私たちは世界の古今の名作のほとんどを自国語で読めるという世界でも稀に見る幸せな国になった。そんな国はほかにはない。その点に関しては、熱心に西洋の学問を学び、西洋文化の受け入れに努めてきた先人たちに感謝しなければならない。

しかし、その一方で、日本は日本語だけで高等教育まで受けられるし、就職もできるという、非常に恵まれた国となった。あまりに恵まれていたため、学校はそうした日本独特の環境条件に過度に順応してしまった。その結果として、今日のグローバルな世界への適応力が非常に弱いのである。もちろん外国語能力の問題もある。だが問題はそれだけではない。もっと根本的な問題、すなわち、一人の人間として他者とどのような関係を築いていくかという、その人の生き方そのものに関わる問題である。言い換えれば、しっかりした尺度を持って自分の頭で考え、自分の考えを言葉で表現して相手に理解させ、納得させる力が問われているのである。

日本の学校教育においては、外国の学問を輸入することが教育の目的となったことから、偉い人の書いた本を読んだり、話を聴いたりして、それを理解し記憶することが学問であるかのような考え方が根付いてしまった。教師の言うことに疑問を呈したり、自分の考えを人前で発表し、他人と議論したりすることは、学校教育の主流とはなりえなかったのである。

さらに問題なのは、社会科学が対象とする社会はどこも同じではないにもかかわらず、西洋で生まれた学説をそのまま日本の社会にも当てはめようとしたことである。しかも日本には、ソクラテスやプラトンにはじまりデカルト、ルソー、ミル、カントなど、時代も環境も異なるさまざまな思想家の学説が、明治時代になって一挙に入ってきた。これでは消化不良に陥るのも無理はない。大正・昭和の時代になるとそこにマルクス、レーニン、ナチスなどの新しい社会思想も入ってきて、エリートたちに大きな影響を与えていた。

ジュネーブから帰国した新渡戸が早稲田大学で連続講演を行うことにしたのは、こうした状況を見て日本人の浅薄な西洋理解に危機感を覚えたからであった。彼はマルクスについても、いかにもドイツ人らしく論理的に筋道を立てるが、現実社会はそのような論理だけでは動かないと感じていた。ましてやそれが社会構造も異なる日本にそのまま適用できるとは考えていなかった。しかし、一部のエリートたちは、西洋社会と日本社会の違いを十分に考慮しないまま、外来の理論に幻惑されるように傾倒していった。そしてついに左右の全体主義への道を選んでしまったのである。

今でも日本人には外国に対して幻想を抱く傾向が見られる。日本から見ると外国は陸上で国境を接していないこともあって、普段から接触の機会も少なく、距離的にも離れているため、ややもすると一部の偏った情報に基づいて現実を美化してしまいがちだ。そのためであろうか、日本では特定の国を無条件に賛美したり、反対に、外国の一部分だけを切り取って、それとの対比で日本を一方的に批判したりする人が少なくない。そして何か事が起きると、「どこどこでは……」といった短絡的な議論を展開するのである。それでは物事を客観的に認識し、的確な判断を下すことはできない。

重要なことは、事実を歪める思い込みの色眼鏡を外して、物事の本質を見極めることである。そのためには深い洞察力を身につけるとともに、広い視野から物事の全体を俯瞰する力が必要になってくる。

「中庸」を貫いた新渡戸

新渡戸は右か左かといった二項対立的な物の見方を好まなかった。彼の見るところ、右や左といった言葉は実在するものを指すのではなく、二者の関係を示しているにすぎない。両者の間には共通部分があって、そこで両者が互いにつながっているのである。つまり、右がなければ左はないし、左がなければ右はないのだ。そう考えると、右や左という言葉は反対の概念を示すものというよりは、むしろ両者の間に共通点があることを示しているに過ぎないということになる。大事なのは右と左をつなぐ真ん中であり、それは中庸である。

新渡戸はこのように述べて、中庸を大事にした。しかも彼の選択する中庸の道は終始一貫していて、ぶれることがなかった。

なぜ新渡戸はぶれないのか。それは彼が判断の基準を左右の相対的な関係に求めなかったからである。彼は自分自身の絶対的な基準に基づいて判断したのである。絶対的な基準とは、彼の場合、神と人間との垂直的関係に基づくものであった。それに対して、人間と人間との水平的関係というものもある。人間同士の水平的関係では、できるだけ相手に合わせて譲るのがい い。しかし神との垂直的関係においては、自ずからこれ以上は譲れない一線というものがある。これが新渡戸の考え方であった。

だが、現実の世界にあっては、残念ながら極端な主張をする人のほうが注目されやすい。歴史を動かす人には極端な思想の持ち主が多いし、世の中の議論はややもすれば右か左かといった極論に走りやすい。近年はソーシャルメディアの普及が益々この傾向に拍車をかけている。たしかにそのほうが相手にストレートに伝わることは間違いない。だが、このように議論が先鋭化していくと、社会の中に不寛容の精神を増長させ、対立を深めることになってしまうだけだ。このことが今、世界中で危険な分断現象を引き起こしているのである。

そのような時代に求められるのは、右にも左にもどちらにも偏ることなく、中庸を貫くことでなければならない。それは単純に左右のバランスをとることを意味しているのではない。大事なことは全体を俯瞰し、そのうえで極論に惑わされず、真ん中の正しい道を歩むことである。もちろん、それは容易なことではない。新渡戸自身も述べているように、真ん中にいる人が、最も誤解と悪意を受けやすいからである。このことは晩年の新渡戸が実際に経験したことでもあった。彼は軍部からは左翼とみなされ、左翼からは軍部の片棒を担いだと批判されたのだ。それだけに中庸を貫くには、全体を俯瞰する能力に加えて、強い意志と覚悟とが要求されることになる。

新渡戸には、それだけの俯瞰能力と意志と覚悟があった。彼は左右の両方から批判を浴びながらも、真っ直ぐ中道を歩む自由主義者であった。自由主義者と言っても、彼の場合は政治思想的には明らかにイギリス流の穏健な自由主義の信奉者であって、フランス流の急進的な自由主義ではなかった。そして、そのような穏健な自由主義が根付くためには、個人の権利と責任を重視する人格尊重の考え方が根っ子になければならないと考えていた。そこで重要な役割を担うことになるのが教育である。

教育の目的は「品性を高めること」

新渡戸は、『内観外望』の中で大学教育の在り方についても持論を展開している。彼が批判の目を向けるのは、大学が職業教育を重視するようになってきているという現状に対してである。日本だけでなく、当時のアメリカにおいてもドイツにおいても、そうした傾向が見られた。そのことを憂慮した彼は、「大学は偉大な人格に接する所」、「大学は職業を授ける所に非ず」、「専門だけの専門家は、人間として片輪である」、「学問の目的は、高等なる判断力を養うことにある」などと述べて、大学は人格教育を旨とすべきことを主張した。

新渡戸にとって学問の第一目的は、心をエマンシペート（解放）することであり、精神をリベラライズ（自由化）することであった。

彼は英文の著書『日本―その問題と発展の諸局面』などにおいても、日本の高等教育が就職だけを目的として中身が伴わないこと、さらに、学校教育が暗記に偏していることや、高等教育において学生の人格を育てる教育が行われていないことを厳しく批判した。そして教育の目的は「品性を高める」ことでなければならないこと、個人の人格形成を重視すべきことを主張した。

こうした問題点の指摘は、悲しいかな、現代の日本の教育についてもそのまま当てはまる。自分の頭でものを考え、自分の思考を言葉にして表現する力が、今日ほど強く求められる時はないのだ。

もちろん、現在のように大学が大衆化し、大学進学率が五〇%を超えている時代においては、新渡戸の大学論は、必ずしもすべての大学に当てはまるとは言えないかもしれない。しかし、どんなに大学が大衆化しようとも、トップクラスのエリート育成を担う大学までが、単なる職業教育機関になってしまってはいけない。大学は教養教育を重視しなければならないという指摘は、現代の大学論としても十分に通用するのである。

「新しい野蛮人」

新渡戸が教養の重要性を説いた頃、ヨーロッパではスペインの哲学者ホセ・オルテガ・イ・ガセットが『大衆の反逆』を著し、その中で、「以前よりもいっそう博識ではあるが、同時にいっそう無教養の技師、医師、弁護士、科学者等の専門家」、すなわち「新しい野蛮人」が生み出されていると述べて、教養教育こそが大学教育の中心となるべきだと主張した。

だが一〇〇年後の今日、残念ながら大学教育はそのようにはなっていない。それどころか、その間に私たちの社会はますます高度化し、あらゆる分野で最先端の科学技術に支えられ、その中で学問の細分化がますます進んでいる。その結果、当然のことながら、特定の専門分野の知識だけでは解決できない問題が増え、ひとつの問題に取り組むにも、いろいろな専門分野の知識や技術を持った人たちが参加して一緒に取り組まなければならなくなっている。

そのような時代に必要とされるのは、自分の専門以外のことについてもある程度の知識があり、異分野の人とも一緒に議論したり仕事したりすることのできる人である。近代文明の意味や本質についても関心を持ち、人類の知識がどこまで進んでいるかという知の全体像を把握し、科学技術が人間や社会に及ぼす影響について専門分野以外の広い視点から洞察できる人が必要とされるのだ。

逆説的ではあるが、専門分化の進んだ社会だからこそ、専門以外のことについての知識が必要とされるようになるのだ。それが教養である。そしてそれを身につける場として設けられているのが大学である。

ではそのためには大学で何を学ぶ必要があるのか。教養の中身とは何か。近年はリベラルアーツという言葉がよく使われるが、カタカナ語を使うと何となくわかったような気になって、しかし実はよくわからないことが多い。リベラルアーツとはもともと中世ヨーロッパの大学で法律や医学や神学の専門学部に進む前に哲学部において学んだ自由七科のことである。具体的には文法、修辞学、弁証法、算術、幾何、天文、音楽の七科目を指す。これを今日必要とされる教養だという人はいないだろう。ではリベラルアーツとは何を意味しているのか。アメリカにはリベラルアーツ・カレッジと呼ばれる一般教養を重視した優れた大学があるので、そこの教育理念を表す言葉として使われることが多いのだが、それだけでは教養や教養教育の中身を説明したことにはならない。

この点に関してオルテガはどう考えていたのか。彼は教養を身につけるためには、物理的世界像（物理学）、有機的生命の根本問題（生物学）、人類の歴史的過程（歴史学）、社会生活の構造と機能（社会学）、宇宙のプラン（哲学）の学科目を学ぶ必要があると述べた。これは極めて具体的で参考になる考え方だ。

歴史観、世界観、人生観を身につける

日本では中央教育審議会の答申（二〇〇二年）で、教養とは「個人が社会とかかわり、経験を積み、体系的な知識や知恵を獲得する過程で身に付ける、ものの見方、考え方、価値観の総体」であるとされた。

この中の「個人が社会とかかわり」という文言に着目する必要がある。こうした「関係性」に支えられた体系的な知識や価値観が、グローバル化時代に必要な教養だと考えるからである。そうした観点から、私は次の三つの軸を重視していく必要があると考えている。

第一は、自分がどのような歴史的・文化的伝統や遺産を受け継いで存在しているかという「歴史観」に関わる軸、時間軸である。物事を過去からの時間的な流れの中でとらえることや、過去との対話を通じて現在を理解し、未来を想像することを可能にしてくれるものだ。

第二は、自分がどういう世界の中で生きているかという「世界観」に関わる軸、あるいは空間軸である。物事を広い視野から眺めることを可能にしてくれるものである。

第三は、自分は何者か、人間とはどういう存在か、生命とは何か、何のために生きるのか、いかに生きるべきか、といった人間の存在に関わる軸、すなわち「人生観」あるいは「死生観」とでもいうべき軸である。

こうした歴史観、世界観、人生観という三つの軸を基盤とした考え方は、先のオルテガが挙げた五つの学科目とも相通じる。大事なことは、物事の一面だけを見て、それですべてを理解したと思い込む「独善主義」に陥ってはならないということだ。そのためには過去に遡り、世界に視野を広げ、自分を相対化することによって、「広い心」を養う必要がある。それが新渡戸の唱えた「心をエマンシペート（解放）」すること、あるいは「精神をリベラライズ（自由化）」することの意味である。そのようにして身についた教養こそが、グローバル化時代に生きる我々に、「より良く生きる」ために必要な力を与えてくれるのである。

古典に学ぶ

教養とは単なる知識ではない。さまざまな考え方に触れ、それが体験などを通じて自分の血肉となり行動規範にまで高まったとき、そこから滲み出てくるものが教養だ。そのような教養を身につける上では、古典から学ぶことが重要になってくる。長い間の風雪に耐えて読み継がれてきた古典は人類の知恵と体験の集積である。古典を読み、それをもとに意見を発表し討論をすることで、学生は本当の学問の楽しさを味わうことができ、さらにそれを通じてしっかりした倫理観や価値観を身につけることができる。それが「教養ある専門家」への第一歩である。

だが古典を重視するといっても、どのような古典を教材として選択するかが問題だ。アメリカでは一九三〇年代から「グレート・ブックス運動」が展開され、それが大学の学部教育においても活用されているほか、アスペン研究所のエグゼクティヴ・セミナーなどを通じてリーダーの自己研鑽運動として広がった。そこで選ばれた古典はソクラテス、プラトン、アリストテレス、ホッブス、ロック、ルソー、ミルなどをはじめとする西洋のものばかりだが、日本アスペン研究所が主催する日本人向けのセミナーでは、西洋の文献は半分ぐらいで、あとは『論語』（孔子）のほか、『東洋の理想』（岡倉天心）、『奥の細道』（松尾芭蕉）、『正法眼蔵』（道元）、『古事記』（太安万侶）、『学問のすゝめ』（福沢諭吉）をはじめとする日本の古典が取り入れられている。

一方、東京六本木にある政策研究院大学では『リーダーをめざす人にすすめる古典七〇』として七〇冊の古典を精選して紹介しているが、そのうち半分は日本の文献である。古いところでは『折たく柴の記』（新井白石）、『政談』（荻生徂徠）、『福翁自伝』（福沢諭吉）、『学問のすゝめ』（福沢諭吉）、『氷川清話』（勝海舟）、『蹇蹇録』（陸奥宗光）などが取り上げられている。

こうした教材選択の中に、それぞれの大学や団体の個性と見識が発揮されていると言えるだろう。では日本の大学の一般的な教養課程においてはどのような書物が読まれているのだろうか。

東京大学教養学部では以前、といってももう一七年前になるが、新入生のために『教養のためのブックガイド』という冊子を出版し、その中で古今東西の名著三七〇冊を推薦図書として紹介したことがある。そこに取り上げられているのは大部分が海外、特に西洋の著作である。その中身を見ると政治思想、哲学あるいは科学に関するものもあるが、数の上では文学作品も多い。これに対して日本の書物は全体の四分の一程度で、それも近現代のものが中心であり、古典と呼ばれるものは『古今和歌集』、『源氏物語』（紫式部）、『政談』（荻生徂徠）、『言志四録』（佐藤一斎）、『文明論之概略』（福沢諭吉）、『古寺巡礼』（和辻哲郎）ほか数冊に留まっている。

したがって、そこには『古事記』、『日本書紀』、『万葉集』は登場しないし、『歎異抄』、『正法眼蔵』、『徒然草』、『風姿花伝』、『氷川清話』、『福翁自伝』、『学問のすゝめ』、『三酔人経綸問答』なども ない。もちろん『武士道』も、『代表的日本人』、『茶の本』、『東洋の理想』もないのだ。

ここに東大教養学部の教員の教養観が見事に反映されているとも言えるが、日本の将来を担う人材がそこから輩出されることを思うと、果たしてこれで大丈夫だろうか。

教養には文化の継承という重要な側面がある。そうである以上、ヨーロッパやアメリカの大学で西洋の古典が読まれるのはごく当たり前のことだ。その考え方に従えば、日本の大学ではもっと日本の古典が用いられてもおかしくない。ところが、明治以来、日本の大学はもっぱら西洋の学問、つまり洋学しか教えてこなかった。それも近代化の手段として実用性の高い科学の果実だけである。日本のエリートは西洋の科学技術は学んだが、その根っ子にある思想・哲学までは学ばなかった。その一方で日本や中国の古典は見向きもされなくなったのだ。「和魂洋才」とはいうが、実際は「洋才」だけで、和魂はただの負け惜しみにすぎない。この伝統は今日においても基本的に変わっていない。

もっとも、そのおかげで日本は近代化に成功したとも言えるのだが、その代償として、日本のエリートは日本の伝統文化から切り離されてしまった。そしてそのことが、今日の日本人のアイデンティティの確立を困難にしている。教養が文化の継承を意味するものならば、グローバル化が進展した今日こそ、日本人は、西洋の思想文化の源流とされる古典だけではなく、日本の思想文化を形成してきた古典にももう少し目を向ける必要があるのではないだろうか。

5 「和を以て貴しと為す」

日本人の平和思想を表明した「十七条憲法」

新渡戸が関わった国際連盟の知的協力委員会の仕事は、戦後、パリに創設されたユネスコ(国連教育科学文化機関)に継承された。そのユネスコ憲章の前文には、「戦争は人の心の中で生まれるものであるから、人の心の中に平和のとりでを築かなければならない」という有名な一文がある。

たしかに武力によって恒久的な平和を実現することはできない。平和な世界を築くには、当事者の間での話し合いや交渉を通じてお互いの理解を深め合い、それを通じて合意形成を目指すことが重要になってくる。

日本には昔から和を貴ぶ伝統があった。周囲を海に囲まれた島国日本においては、稲作を通じて、田畑をともに耕し、水を分かち合い、助け合うという生活習慣が定着した。その中から生まれたのが、勝者と敗者を明確に区別したり、相手をとことん追い詰めたり、殲滅したりはしない共生社会であり、それを支える和の文化である。その典型的な事例は、日本人の宗教意識の中に見ることができる。日本においては、外来の儒教も仏教も日本古来の神道と習合している。後から伝来した一神教のキリスト教も日本化して、既成の宗教と仲良く共存しているのである。

このような和の精神を強調したのが、今から一四〇〇年以上も前に聖徳太子が定めたとされる「十七条憲法」であった。十七条憲法は儒教と仏教の教義に基づいて役人や豪族などが守るべき心得を示したもので、第一条の「和《わ》を以《もつ》て貴《とうと》しと為《な》し、忤《さか》ふること無《な》きを宗《むね》とせよ（和を大切にし、いさかいを起こさぬようにしなさい）」に始まり、第十七条の「夫《そ》れ事独《ことひと》り断《さだ》むべからず。必ず衆《もろもろ》とともに宜《よろ》しく論《あげつら》ふべし（ものごとは一人で判断してはいけない、必ずみんなで論議して判断しなさい）」で終わっている。

読者の皆様にはもうお気づきであろうが、明治天皇が「五箇条の御誓文」で「広く会議を興し、万機公論に決すべし」「上下心を一にして、盛んに経綸を行うべし」と述べたのと同じことが、すでに十七条憲法で述べられていたのである。

この和の精神こそ、古来、森羅万象あらゆるところに八百万の神々が宿るというアニミズム（精霊崇拝）的な世界観に基づいて「自然との共生」を大切にしてきた日本人の平和思想にほかならない。その根本にあるのは、西洋キリスト教に見られるような人間を万物の霊長とみなす人間至上主義とは異なり、自然と調和した万物の共存共生に基づく世界観である。この世に存在するもので無から生まれたものは何一つない。全ては前からあったものが、化学反応を起こしながら形を変えて存在しているのだ。そして今あるものはその生命を終えても無になるのではなく、また形を変えて大地に戻っていく。だから私たちは過去とも対話をし、未来とも対話をしながら、現在を生きていかなければならないのである。

さらに注目したいのは、聖徳太子が唱えた和の精神は、その後も朝廷における政策過程においても、あるいは武将たちの意思決定においても重視され、今日の日本社会にも受け継がれてきたという事実である。

「武士道の理想は平和」

新渡戸は『武士道』の中で、幕末の動乱を生き抜いた勝海舟が「私は人を殺すのが大嫌いで、一人でも殺したものはない」と語ったことを紹介している。さらに「負けるが勝ち」「血を流さずに勝つのが最上の勝利」といった諺を紹介しながら、「これらはいずれも武士道の究極の理想は結局平和であったことを示している」と述べている。

実際、戦国時代を経験した武将たちは、血で血を洗うような戦いからは真の平和は生まれないことを実感していた。そして、究極の目的は刀を抜かずに勝つこと、つまり「戦わずして勝つこと」であると考えるようになっていく。そのためには敵を作らないことが肝心だ。異なる意見や考えの持ち主であっても、互いに違いを認め合って共存共生する道を探らなければならないのだ。

こうした和を大切にする伝統は、さらに後世にも引き継がれていった。戊辰戦争においては、新政府軍の西郷隆盛と旧幕府側の勝海舟の会談によって江戸城の無血開城が実現したことで、大惨事を未然に防ぐことができた。あるいはまた、日露戦争で乃木希典大将は六万人近い死傷者を出した激闘の末に旅順要塞を攻略した後、敗軍の将ステッセルと旅順郊外の水師営で会見したが、その際ステッセルに丸腰ではなく正規の軍装で帯剣を許した上、会見の冒頭ではロシア軍の敢闘を称えたのである。この様子が各国の従軍記者によって世界中に報道されたことか

勝　海舟

乃木希典

ら、乃木大将の振る舞いが称賛を集めることになったが、これこそは、勝って驕らず、敗者を思いやる惻隠の情の表れであり、武士道精神そのものであった。これが日本伝統の和の精神に他ならない。

さらに第一次大戦当時、約四七〇〇人のドイツ人捕虜が国内一六ヶ所の収容所に収容された時も、日本は彼らに対して国際法を遵守した対応に努めた。中でも徳島県鳴門市郊外の板東収容所では、他と比べても捕虜たちの自由度は大きく、遠足や海水浴なども行われていた。それは戊辰戦争で敗れた旧会津藩士の子孫である松江豊寿所長の敗者をいたわる精神の現れであると言われているが、これも武士道精神である。

また、欧州で第二次大戦が始まるとリトアニア駐在の外交官杉原千畝が六〇〇〇人のユダヤ人にビザを書き続けて多くの命を救ったことはすでに広く知られているが、その二年半前に満洲においても同様のことが行われていた。ドイツの迫害を逃れてソ連のオトポール駅まできたユダヤ人難民が満洲国への入国を認められずに立ち往生していたのを、ハルビンユダヤ人協会から要請を受けた関東軍ハルビン特務機関長樋口季一郎中将の決断で、満鉄の特別列車でハルビンまで送り届けて救出することにしたのである。当時の日本はすでにドイツとは防共協定を結んでいたが、それよりも人道上の配慮を優先した措置であった。こうして救出されたユダヤ人の数は一万人とも二万人とも言われている。その後ドイツ政府から抗議があったが、上司である東條英機参謀長は樋口の言い分を認めて、ドイツの抗議を一蹴した。その根本にはやはり武士道精神があったと言っていいだろう。

和の精神の根本にあるのは他者に対する尊敬の念である。互いに異なる者同士が共に相手に敬意を払いつつ協力し合うのだ。そのことが根本になければ、真の和は成立しない。誰に対しても寛容で、礼節をわきまえて接することは、これからの時代においてもますます重要になってくるであろう。

「治にいて乱を忘れず」

和を重視するということは、ややもすれば付和雷同、つまり相手や周囲の人の言いなりになりやすいという一面を持つことも否定できない。だが、和とは相手のいいなりになることではない。ましてや、戦うべき時に戦わずに黙って相手の軍門に下ったりすることではない。和とは互いにそれ以上攻め込んでも何も得るところがないという力の均衡状態の上に成り立つものなのだ。そこで重要になってくるのが、「治にいて乱を忘れず」の心構えである。

江戸時代の武士は実際に戦うことはなくなったが、それでもいざという時のために自己鍛錬を怠らなかった。徳川幕府は外敵から国を守る武力は持たなかったが、その代わり海外の情報収集には熱心に取り組んだ。情報源は長崎に入ってくるオランダ商船の「オランダ風説書」と中国商船による「唐風説書」である。それらを通じて幕府はイギリスがナポレオン戦争に勝って世界の覇権を握ったことを知り、アヘン戦争で隣の清国が惨敗したことも知った。そこで清国の二の舞を恐れ、それまでの「異国船打払令」を直ちに廃止して、穏健な路線を採用したのである。「彼を知り己を知れば、百戦危うからず」（孫子）である。

もちろん、ペリー来航の情報も早くから入手しており、対応策も練っていた。だから、俗に言われるような、突然の黒船襲来に幕府が慌てふためいたという言い方は、事実に反している。

それ以後、日本においては各地で西洋列強による植民地化を拒否する攘夷運動が盛り上がり、やがてそれが開国から明治維新へと向かう原動力となっていくのである。

拓殖大学の前身である台湾協会学校の初代校長となった桂太郎は、三度にわたって内閣総理大臣を務めた軍人政治家で、日英同盟を締結し、日露開戦を決断し、日韓併合を実行したことでも知られている。その彼が日英同盟について、学生たちに次のように語ったことがある。

「アジアの安全は誰が保つのか。われわれは英国人と同盟しているのであるから、この部分は日本人がやろうが、あの部分は英国人がやるであろうと、こういう考えをもってはならぬ。全局を担当するという覚悟があって、はじめて日英同盟の効果を充分ならしむることができるのである。決して人頼みの力によるというような考えをもってはならぬ。人と共同し、人と組み合って、仕事をしようというには、自分独りででもやるという考えがなかったならば、決して共に仕事をすることは出来ない。いわゆる独立独歩の精神がなくてはならぬ。また独立して行くことが出来なければ、人が己を頼んで来るものではない」。

一二〇年も前の言葉だが、今でもそのまま通用する考え方である。現にアメリカのバイデン大統領は、アフガニスタンから米軍を撤収する際、「アフガン軍が自身のために戦おうとしない戦争でアメリカ軍が戦うことはできないし、アメリカ軍兵士が死ぬべきではない」として撤収を正当化した。アメリカの大統領として異例の発言だが、撤収の時期や方法の問題はさておき、この発言自体は当たり前のことを述べたにすぎない。

だが、第二次世界大戦後の日本は、国家としてもっとも重要な「国を守る」という機能を他国に任せたまま経済活動に邁進した。おかげで物質面では豊かになったが、他方で、独立国にとって大事な「治にいて乱を忘れず」の精神を忘れてしまったように見える。果たして世界はそのような日本を心から信頼し、尊敬してくれるであろうか。それで日本が世界の国々と対等に付き合えるだろうか。

「一身独立して一国独立」

国を守るためには軍事面での備えが不可欠であることは言を俟たない。その点で戦後の日本国憲法は、日本の国家としての自立を自ら否定しているに等しい。自衛権の保持まで禁じているとも解釈されうるような憲法は、憲法の役割を果たしているとは言い難いのだ。憲法をどうするかという議論以前に、少なくともこの事実だけはきちんと認識しておく必要がある。

平和の思想は単なる平和願望ではなく、それを守るための責任と行動を伴うものでなければならない。ただし、今日の世界においては、国の安全は自国が単独で守るという考え方は現実的とは言えない。価値観を共有する国が連携して地域の安全を確保する集団的自衛権に基づいた安全保障の考え方を取り入れるしかない。そのうえで経済や文化の面でも諸外国との相互依存を高め、友好と信頼の関係を構築することによって軍事衝突を招かないようにすることが重要になってくる。そのために重要な役割を果たすのが外交努力である。だが、現実の世界においては、軍事力の伴わない外交は弱いということも認識しておく必要があるだろう。

さらに忘れてはならないのは、これら軍事力や外交力を支えるためにも欠かすことのできない重要なものがあるということだ。それは国民一人一人の心構えである。言い換えれば、精神的な自立である。

明治期の日本人は自立心が旺盛だった。彼らに大きな影響を与えたのは中村正直の『西国立志編』である。サミュエル・スマイルズの『自助論』を翻訳したもので、中でも「天は自ら助くる者を助く」の言葉が有名だ。

福沢諭吉の『学問のすゝめ』も『西国立志編』と並ぶベストセラーで、当時の日本人に大きな影響を与えた。その中で、福沢は「一身独立して一国独立する」と述べ、国民一人一人が独立の気力を持たなければ、全体のことを引き受ける者がいなくなり、国家の独立は実現しないと説いた。内村鑑三も『代表的日本人』の後記で、一人のサムライの子として自分にふさわしい精神は「自尊と独立」であると述べている。新渡戸も拓殖大学の卒業式の訓示で、付和雷同を戒め、個人としての自立と自己責任の重要性を説いた。今こそ日本人は明治の日本人に学び、一人一人が個人として精神的に自立しなければならない。

かつてアメリカのジョン・F・ケネディ大統領は、一九六一（昭和三六）年の就任演説において「国が諸君のために何ができるかを問うのではなく、諸君が国のために何ができるかを問え」と呼びかけた。「私」より「公」に尽くすことを訴えたのである。当時大学生になったばかりの筆者もこの言葉に強い感動を覚えた一人である。

福沢諭吉

ところが、戦後の日本では個人主義の意味を履き違えて、「自分さえよければいい」といった利己的で無責任な風潮が強まった。しかし私たちは自己の私的な欲望を満たすだけでは本当の幸せを得ることはできない。人間はもともと「世のため、人のため」に尽くすことで、幸せを感じるように作られているからである。私たちは「誰かのため」に尽くすことで、逆にその人からエネルギーをもらっているのだ。だから、たとえどんなに辛くても、どんなに苦しくても、それが「誰かのため」であると思えば頑張ることができるし、「社会のため」に役立っていると思えるとき、個人の私的な小さな幸せを超えた大きな満足感や生きがいを感じることができるのである。重要なことは、「自分は何をすることを期待されているのか」と問うてみることだ。

だが現実はどうか。この国では「国が自分に何をしてくれるのか」という議論ばかりが横行しているように見える。総理大臣が「まず自助、そして共助・公助」と発言しただけで、「自助を先に持ってくるのは責任放棄だ」と批判される国になってしまった。自分は何もしないで政府や権力を批判するだけでは国家は確実に弱体化していく。

現在の日本に一番欠けているのは、明治の日本人が大事にした「自助」の精神であり、「個人としての自立」だ。「一身の独立」がなければ、「一国の独立」はありえず、他国からの支援も得られないのだ。このことを私たちは忘れてはならない。そして、そのためにも必要不可欠となるのが、国家社会のために命を捧げた人たちに対して国家および国民として敬意と感謝の気持ちを表し、慰霊顕彰を行うことである。それができない国は衰亡し、他国の支配下に甘んじることになってしまう。

平和であることは当たり前ではない。平和でいられることに感謝しつつ、平和を維持するための努力を惜しんではならないのだ。

「ノブレス・オブリージュ」

振り返ってみると、新渡戸の人生は文字通り「世界の平和」を目指し、「世のため、人のため」に尽くす人生であった。明治時代には新渡戸に限らず多くの日本人が大きな志を抱き、積極的に未知の世界に飛び出していった。その中には失敗したり挫折したりする人も少なくない。しかし、たとえ失敗しても次のチャンスを狙う。それがダメならまたその次を狙う。そうした勇気とエネルギーが、日本の近代化を進める原動力となったのである。それを支えたのは「公のために尽くす」という強い使命感であった。

そのような高貴な精神を言い表す言葉が「ノブレス・オブリージュ」（高貴な身分に伴う義務）である。自分を犠牲にしてでも大義のために尽くすことである。日本人は、和の精神を大事にしながら、「ノブレス・オブリージュ」の気概を発揮して、日本の安全を守り、世界の平和にも貢献しなければならない。それを通じて日本は、品格ある道義国家としての使命を果たすことができるのだ。

歴史を振り返れば、日本人は昔からそうした公共精神を強く持っていた。そのことは東日本大震災においても実証された。もともと日本人は競争意識よりも協調意識の方が強い国民である。そうなったのは、この世の中は一人では生きていけないということを知っていたからだ。どんなに優れていても、自分一人の才能や努力だけでできることは限られている。互いを思いやる仲間や、それを遠くから応援してくれる様々な人に支えられて、はじめて個人の力を十二分に発揮することが可能になるのだ。だからオリンピックで優勝した時でも、日本選手の口から真っ先に出るのは、自分を支えてくれた人たちへの感謝の言葉である。

日本人はそうした協調・共生・公共の精神を発揮して、今日のような清潔で、安全で、親切で、暖かい人間味のある社会を築きあげてきた。物質的な豊かさよりは、精神的な充実を大事にする価値観を身につけてきた。こうした価値観を大事にし世界に仲間を増やして、世の中を少しでも良くしていくことが、日本人としての使命と言えるのではないか。

その際に拠り所となるのは、結局のところ、「和」や「武士道」に込められた日本人の伝統精神に他ならない。もちろん、制度としての武士道は、今から一五〇年前に封建制の廃止とともに消え去った。しかしその精神は現代においてもまだ生きている。スポーツに限らず、高い目標を目指して人一倍の努力を重ね、種々の困難を克服しながら自己を高めていく世界がある限り、そこには武士道精神が生き続けていると言ってよいのである。

「手近な義務を果たす」

ただし、いくら立派な理想を掲げたとしても、それはすぐに達成できるものではない。そのため、時にはどこから行動を始めたら良いのか途方に暮れることもあるだろう。そんな時はどうすればよいのか。その答えは新渡戸稲造が教えてくれる。

札幌農学校時代の新渡戸は悩み多い少年だった。キリスト教を理解しようとして必死に勉強するあまり、神学上の悩みを抱え込んでしまったのである。その答えを得ようとしてますます読書に耽ったため、ついに憂鬱な人間になってしまった。そのうえ眼病にも悩まされることになった。こうして入学時には「アクティブ」と呼ばれるほど活発だった少年は、そのうちに「モンク」（修道僧）というあだ名で呼ばれるようになってしまう。その陰鬱な気分にさらに拍車をかけたのが母の死であった。

そのような煩悶の時期に出会ったのが、イギリスの思想家トーマス・カーライルの文章である。その中の「大事なのは行為であって、思索ではない。今自分が何をなしうるかを考え、それに向かって全力を尽くせ」という言葉が彼の心に強く響いたのだ。

これによって新渡戸少年は、以前の積極的な生き方を取り戻すことができた。それ以後カーライルの著書『サーター・レザータス』（衣装哲学）が彼の生涯を通じての座右の書となるのである。

新渡戸がカーライルから学んだことは、「世の中は地味なもの」ということだった。だから、理想は理想として持ち続けながらも、現実の世界においては、目の前の一番手近な義務を果たすところから始めることが大事になってくる。それが結果的には自分の志を達成する道へと繋がっていくのである。

理想ばかり追いかけて現実から遊離してしまってはいけない。目先のことに目を奪われるあまり、理想を忘れてしまってもいけない。理想を高く持ちつつ、そのためには今自分がなすべきことに全力を尽くすこと。これ以上に価値のある生き方はないのだ。新渡戸はそのことをカーライルから学んだ。そしてそれを生涯にわたって実践したのである。

あとがき

新渡戸の伝記はいくつもある。そこから伝わってくる新渡戸のイメージは、「敬虔なクリスチャン、一高校長を務めた教育者、国際連盟でも活躍した国際人」といったもので、その多くは彼の人格面に焦点を当てている。それはそれで間違ってはいない。だが、それだけでは、新渡戸という人物の一部分しか伝えたことにしかならない。にもかかわらず、これまで新渡戸稲造について書かれた本は、新渡戸のある一部分しか伝えてこなかったのだ。なぜそうなったのか。その疑問を解くためには、代表的な新渡戸伝がどのような人たちによって書かれてきたかを見てみる必要がある。

数ある新渡戸伝の中でも、その嚆矢として高く評価されているのは、戦前に出版された石井満の『新渡戸稲造伝』（一九三四年）である。石井は一高で新渡戸の薫陶を受け、新渡戸を神様のごとく敬慕していた。その彼が新渡戸の逝去を悼み、没後一周忌に間に合うようにと短期間のうちに書き上げたのが、六一九頁に及ぶこの大著である。この新渡戸伝は、石井が新渡戸の著作を丹念に読み込み、新渡戸と所縁のある一一〇余名の証言などをもとに書いたもので、新渡戸という人物の人間性を余すところなく描いた感動的な名著だ。以後の伝記作家や新渡戸研究者で、直接的あるいは間接的にこの石井の新渡戸伝の恩恵を受けていない者はいないと言っていい。

新渡戸の没後に七〇余名の弟子たちの思い出を綴った『追憶集』（一九三六年）も、新渡戸の人物像を様々な角度から描写していて、後の伝記作家にとっての貴重な資料となっている。

戦後になると、松隈俊子が『新渡戸稲造』（一九六九年）と題したすぐれた伝記を出した。松隈は東京女子大学の第一期生である。ということは、新入生として直接に新渡戸学長の指導を受けた生徒の一人ということになる。彼女は新渡戸の著作はもとより、内村鑑三や宮部金吾の書簡なども参照して、新渡戸の前半生を詳細に紹介する伝記を書いた。新渡戸の信仰に関する悩みについては、特に多くの紙数を割いているのが特徴的である。

その間に出版された矢内原忠雄の『余の尊敬する人物』（一九四〇年）、河井道の『わたしのランターン』（一九六八年）なども、新渡戸のイメージを形成するうえに大きな影響を与えた名著である。いずれも主にクリスチャンという立場から新渡戸を捉えているのが特徴的だ。

これらに代表される初期の新渡戸伝には、いくつかの共通点が見られる。第一は、書き手が一高や東京帝大の教え子たち、あるいは新渡戸から直接的に支援や教えを受けた女子教育関係者であるということである。

彼らの多くは、学者や言論人など社会的影響力の大きい知識人である。言い換えれば、日本の語り部である。だから彼らが語った教育者としての新渡戸像は後世にまでよく伝えられてきた。だが、語り部がいない分野についてはこうした一次資料があまり残されていない。そのため、後世の研究者や伝記作家に広く知られることにはならない。

その結果、同じ教育分野でも、一高、東京帝大、女子教育以外の活動については、あまり紹介されてこなかった。札幌における遠友夜学校についても、どちらかというと北海道だけのローカルな関心に止まっている。同じ理由から、学校外の社会教育活動、たとえば雑誌『実業之日本』などを通じた勤労青少年に対する啓発活動や、通俗大学の開設といったことなども、広く紹介されることがない。ましてや教育以外のことになると、それを伝える人が少なかった。そのため、どうしても伝記から抜け落ちてしまうことになる。

第二は、これらの新渡戸伝の内容をみると、そこに描かれる具体的な出来事のほとんどが、新渡戸自身の著作に基づいているということである。

新渡戸は自分の体験を様々な形で著作に書き遺している。中でも、欧米留学の土産話である『帰雁の蘆』（一九〇七年）、英文随筆を邦訳した『随想録』（一九〇七年）、ジュネーブ時代のエピソードをまとめた『東西相触れて』（一九二八年）、自身の生い立ちを回想した『幼き日の思い出』（一九三四年）、同級生の宮部金吾に宛てた手紙などは、どの伝記においても重要な一次情報源となっている。それだけでも伝記が書けるほど豊富な材料が揃っているのだ。

特に幼少期の出来事については、本人の著作に基づいていくらでも詳しく書くことができる。そのため、どの本にも同じ逸話がいくつも登場することになる。だがそうした機会の少なかった後半生の出来事については、ごく表面的な記述に止まざるを得なくなるのだ。

第三は、新渡戸の語り部たちは新渡戸の崇拝者であり、その多くはクリスチャンであるということだ。

彼らの主要な関心事は、恩師新渡戸の信仰心や人格教育にあった。そのため、新渡戸がいかに尊敬すべき人格者であるかということを自らの筆で世の中に伝えたいという気持ちが強かった。そのため、新渡戸がどういう人間であったかという人物描写に力点がおかれることになる。

もちろんそれだけも十分に価値があるのだが、その反面、新渡戸の思想、業績、社会的役割などについてはそれほど関心が向けられてはいない。彼らにとっては、名著『武士道』ですら主要な関心事ではなかった。ましてや、日本の近代化の過程で新渡戸が果たした役割については、ほとんどといってよいほど関心を示す人はいなかった。新渡戸の幅広い活動を網羅して紹介したものとしては、筆者の管見する限り、赤石清悦の『新渡戸稲造の世界』(一九九五年)ぐらいしか見当たらない。

このように初期の新渡戸伝が新渡戸の人格論に傾いたのは、必ずしもそれを書いた人たちの責任ではない。なぜなら、それ以外の側面について書くことは、本来別の人たちに期待されていた仕事だったからだ。

最初の新渡戸伝を書いた石井満はそのことを十分に自覚していた。彼の『新渡戸稲造伝』は、本人もはっきりと断っているように、「人格者として、深い愛情の持主として、日本の婦人の味方として常に婦人論を説いた自由主義者として」の新渡戸を描いたものである。つまり石井は、それが新渡戸のすべてとは考えていなかった。それどころか、「新渡戸の伝記はとても一人の人間では書ききれないので、少なくとも一〇や二〇の伝記がいろいろな人によって書かれて差し支えない」とまで述べて、他の人たちの手でいくつもの伝記が執筆されることを期待していたのである。だが現実には、彼の期待していたようなことにはならなかった。

なぜそうならなかったのか。その理由の一つは、前にも述べたように、新渡戸の後半生の出来事については、前半生と比べると、本人があちこちで語ったり書いたりすることがなかったため、誰でも手軽に利用できるような資料が乏しかったからであろう。しかしそれ以上に大きな理由は、書かれなかった部分は、実は書きにくい部分だったからだ。

戦後の日本では、占領下において戦前の歴史が全面的に否定され、植民地統治や満洲開拓もすべて悪であるとみなされるようになった。その中では、新渡戸の業績も否定的にしか評価されなくなった。なぜなら彼は植民政策の専門家であり、台湾統治にも関わり、満洲事変では軍の片棒を担いだとも見られていたからである。新渡戸を信奉する弟子たちとしては、時代の風潮に逆らってまで、新渡戸のそうした側面について肯定的に論じることはむずかしかったであろう。また、新渡戸の人格を信奉する人たちの間にも、中には占領史観あるいは左翼的歴史観に共鳴する人たちもいたはずで、そうした人たちから見れば、満洲事変との関わりはいわば新渡戸の人生の恥部であり、できれば見たくない部分、なかったことにしたい部分だったに違いない。

そうした状況の下では、新渡戸は「敬虔なクリスチャン、人格主義の教育者、平和主義の国際人」であるほうがよく、「勇気あるサムライ、祖国に忠誠を尽くした愛国者」では具合が悪いと思われたとしてもおかしくはない。その意味では、戦後になって描かれた新渡戸のイメージは、当時の左翼的イデオロギーの影響下にあった時代の要請に合うように作られたともいえる。

そんなこんなで、戦後半世紀以上を経ても、石井満が期待したような人格論を超える新渡戸の多面的な活動を紹介する伝記は現れなかった。しかし、いつまでも戦後の偏った歴史観に支配され、新渡戸という人物の一部分にしか目を向けないままでいてよいのだろうか。彼の強い愛国心や、植民政策や満洲問題に関する考え方についても理解を深め、バランスのとれた新渡戸像を確立する必要があるのではないか。そう考えて筆者が一〇年前に上梓したのが『新渡戸稲造1862-1933　我、太平洋の橋とならん』(藤原書店、二〇一二年、新版二〇二一年)である。

ありがたいことに多くの方々から、新渡戸稲造伝の決定版として高い評価をいただいているが、なにしろ五三〇頁もの大著である。これで新渡戸の全体像が見えてきた反面、手軽に読むには分厚すぎるし、あまりに多くの側面を取りあげたため、かえって細かい部分のつながりが見えにくくなったかもしれない。

そこで今度は、これまであまり紹介されてこなかった植民政策との関わりなど日本の対外政策に焦点を当てて、それを通じて日本の近現代史について振り返るとともに、そこから戦後日本の問題点を明らかにし、これからの日本の歩むべき道についても考えてみたいと思うようになった。こうして出来上がったのが本書である。筆者としては、原稿を書いているうちにこれこそが自分が本当に書きたかったことだと思えるようになってきたが、さて読者の皆様にはどのような感想を持たれたであろうか。

新渡戸の生涯を知ることは、近代日本の歴史に対する理解を深めることでもある。それは私たちがグローバル化時代の課題と向き合い、責任ある生き方をしていくためにも必要なことだと思う。そうした意識は、すでに若い世代においてはかなり受け入れられ始めているようにも思われるが、それが今後さらに広まることを期待したい。

主要参考文献

新渡戸稲造の著作

新渡戸稲造『新渡戸稲造全集　第1巻～第23巻』（教文館、第一期一九六九～一九七〇年、第二期一九八三～一九八七年）
新渡戸稲造『武士道』（矢内原忠雄訳、岩波文庫、一九三八年、他に訳書多数あり）
新渡戸稲造『随想録』（桜井鷗村訳、丁未出版社、一九〇七年、タチバナ教養文庫、二〇〇二年）
新渡戸稲造『日本国民―その国土、民衆、生活』（全集第17巻）
新渡戸稲造『内観外望』（実業之日本社、一九三三年、全集第6巻）
新渡戸稲造『日本人の特質と外来の影響』（全集第18巻）
新渡戸稲造『日本―その問題と発展の諸局面』（全集第18巻）
新渡戸稲造『日本文化の講義―日本国民とその文化の発達に関する概説』（全集第19巻）
新渡戸稲造「日本の植民」（全集第21巻）

新渡戸稲造について

草原克豪『新渡戸稲造1862-1933　我、太平洋の橋とならん』（藤原書店、初版二〇一二年、新版二〇二一年）
草原克豪『新渡戸稲造はなぜ「武士道」を書いたのか』（PHP新書、二〇一七年）
石井満『新渡戸稲造伝』（関谷書店、一九三四年、大空社、一九九二年）
矢内原忠雄『余の尊敬する人物』（岩波新書、一九四〇年）

松隈俊子『新渡戸稲造』（みすず書房、一九六九年）
内川永一朗『晩年の稲造』（岩手日報社、一九八三年）
ジョージ・オーシロ『新渡戸稲造』（中央大学出版部、一九九二年）
赤石清悦『新渡戸稲造の世界』（渓声出版、一九九五年）

第二章関連

鶴見祐輔『正伝後藤新平3―台湾時代』（藤原書店、二〇〇五年）
矢内原忠雄『新渡戸博士植民政策講義及論文集』（岩波書店、一九四三年、全集第4巻）
黄文雄『日本の植民地の真実』（扶桑社、二〇〇三年）
松井嘉和（編著）『台湾と日本人』（錦正社、二〇一八年）
ジョージ・アキタ／ブランドン・パーマー『「日本の朝鮮統治」を検証する』（草思社、二〇一三年）
木村光彦『日本統治下の朝鮮　統計と実証研究は何を語るか』（中公新書、二〇一八年）
金完燮『親日派のための弁明』（草思社、二〇〇二年）
朴贊雄『日本統治時代を肯定的に理解する　韓国の一知識人の回想』（草思社、二〇一〇年）

第三章関連

草原克豪『新渡戸稲造はなぜ「武士道」を書いたのか』（ＰＨＰ新書、二〇一七年）
木村昌人『渋沢栄一』（ちくま新書、二〇二〇年）
簑原俊洋『アメリカの排日運動と日米関係「排日移民法」はなぜ成立したか』（朝日新聞出版、二〇一六年）
日米協会（編）『もう一つの日米交流史』（中央公論新社、二〇一二年）
渡部昇一『年表で読む日本近現代史』増補改訂版（海竜社、二〇二〇年）

第四章関連

新渡戸稲造「満州は東西文化の出会点」（『東洋時報』第一〇二号、東洋協会、一九〇七年）
鶴見祐輔『正伝後藤新平４』（藤原書店、二〇〇五年）
宮脇淳子『世界史の中の満洲帝国と日本』（ワック、二〇一〇年）
内川永一朗『晩年の稲造』（岩手日報社、一九八三年）

第五章関連

草原克豪『近代日本の世界体験』（小学館スクウェア、二〇〇四年）
江崎道朗『コミンテルンの謀略と日本の敗戦』（ＰＨＰ新書、二〇一七年）
江崎道朗『日本占領と「敗戦革命」の危機』（ＰＨＰ新書、二〇一八年）
五百旗頭真『日米戦争と戦後日本』（講談社学術文庫、二〇〇五年）

第六章関連

葦津珍彦『近代民主主義の終末〈日本思想の復活〉』（葦津事務所、二〇〇五年）
葦津珍彦『士民のことば―信頼と忠誠との情理―』（葦津事務所、二〇〇五年）
宇野重規『保守主義とは何か』（中公新書、二〇一六年）
田中拓道『リベラルとは何か』（中公新書、二〇二〇年）
渋沢栄一『論語と算盤』（角川ソフィア文庫、二〇〇八年）
グレート・ブックス編集委員会『リーダーをめざす人にすすめる古典七〇』（政策研究院、二〇一七年）
小林康夫／山本泰（編）『教養のためのブックガイド』（東京大学出版会、二〇〇五年）
トーマス・カーライル『衣服哲学』（石田憲次訳、岩波文庫、一九四六年）

著者略歴

草原 克豪（くさはら かつひで）

1941年北海道生まれ。東京大学教養学部卒。文部省に入省後、コーネル大学経営行政大学院留学、ユネスコ本部勤務を経て、文部省大臣官房審議官（高等教育局担当）、生涯学習局長等を歴任した後、拓殖大学副学長兼拓殖大学北海道短期大学学長を務め、現在は拓殖大学名誉教授。その間に日本ユネスコ国内委員会委員、日米文化教育交流会議委員、日米教育委員会（フルブライト委員会）委員などを歴任し、現在も（公社）日本空手協会会長、（公財）合気会理事を務める。

主な著書：

『近代日本の世界体験』（小学館スクウェア、2004年）
『日本の大学制度』（弘文堂、2008年）
『「徳」の教育論』（共編、芙蓉書房出版、2009年）
『大学の危機』（弘文堂、2010年）
『新渡戸稲造 1862-1933 我、太平洋の橋とならん（新版）』（藤原書店、2021年）
『新渡戸稲造はなぜ「武士道」を書いたのか』（PHP新書、2017年）
『武道文化としての空手道』（芙蓉書房出版、2019年）

新渡戸稲造《にとべいなぞう》に学《まな》ぶ近代史《きんだいし》の教訓《きょうくん》

2022年6月22日　第1刷発行

著 者
草原《くさはら》 克豪《かつひで》

発行所
㈱芙蓉書房出版
（代表 平澤公裕）
〒113-0033東京都文京区本郷3-3-13
TEL 03-3813-4466　FAX 03-3813-4615
http://www.fuyoshobo.co.jp

印刷・製本／モリモト印刷

ISBN978-4-8295-0837-4

【芙蓉書房出版の本】

エステラ・フィンチ評伝
日本陸海軍人伝道に捧げた生涯

海野涼子著　本体 2,400円

明治26年キリスト教伝道のために単身来日し、陸海軍人への伝道に生涯を捧げ日本に帰化したた女性宣教師がいた！黒田惟信牧師とともに横須賀に日本陸海軍人伝道義会を設立。この教会に通った海軍機関学校生徒らの回想も収録。エステラの日記「祈りの記録」など新しい資料を発掘し「軍人伝道」の全容を初めて明らかにする。

札幌農学校の理念と人脈
独自の学風はどのようにして生まれたのか

山本悠三著　本体 1,600円

新渡戸稲造・内村鑑三をはじめ日本の近代化の推進力となる優秀な人材を輩出した札幌農学校の創立から明治30年代までの発展の歴史を描く。その名称にかかわらず、理学・工学・法学などの広範な領域の講義を行い、政界・官界・実業界に進んだ卒業生も少なくない。

アウトサイダーたちの太平洋戦争
知られざる戦時下軽井沢の外国人

髙川邦子著　本体 2,400円

軽井沢に集められた外国人1800人はどのように終戦を迎えたのか。聞き取り調査と綿密な資料取材でまとめあげた太平洋戦争側面史。ピアニストのレオ・シロタ、指揮者のローゼンストック、プロ野球選手のスタルヒンなど著名人のほか、ドイツ人、ユダヤ系ロシア人、アルメニア人、ハンガリー人など様々な人々の姿が浮き彫りになる！